Portables : la face cachée des ados

Le livre qui vous donne les codes

Céline Cabourg et Boris Manenti

Portables : la face cachée des ados

Le livre qui vous donne les codes

Flammarion

ISBN : 978-2-0813-9947-1

Introduction

À la sortie du bahut, collégiens et lycéens discutent, s'esclaffent, complotent, se draguent. Un détail saute aux yeux : tous ont un téléphone portable à la main. Les filles le portent comme un accessoire de mode, les garçons ont les écouteurs enfoncés dans les oreilles. Certains sautent en l'air, le bras levé et se prennent en photo. D'autres regardent ensemble un clip du rappeur Drake, volume poussé à fond. Ils se déplacent, migrent ensuite vers un banc, un arrêt de bus. Là, en brochette, ils adoptent la même position : le dos voûté, le nez collé à l'écran, pianotant frénétiquement, sans forcément se parler.

C'est la génération tête baissée. Une image plus explicite que les qualificatifs alphabétiques de génération Z, ou la référence médicale de cette population à la « bosse de bison ».

Mais ces gamins ne forment pas une espèce à part, et se fondent parfaitement dans la masse des badauds absorbés par leurs écrans tactiles. De 7 à 77 ans, toute la société évolue plus ou moins sans lever le nez. En Chine, certains trottoirs ont même été matériellement coupés en deux : d'un côté les badauds connectés, de l'autre les promeneurs tête haute. On n'en est pas là. Mais le portable est devenu ici aussi un incontournable. En premier lieu chez les adolescents. Leurs grand-mères réclamaient des sacs à main, leurs pères les dernières Nike, eux veulent un téléphone. Avec toutes les options.

Ils sont les semblables d'Esther, 11 ans, dont le dessinateur Riad Sattouf s'inspire pour raconter le quotidien des collégiens français. « Bon, Esther, tu entres au collège, tu as le droit d'avoir un téléphone. Cadeau », lui annonce son père dans un chapitre de la BD. Après un « Yiiiiiiii » de joie, elle réalise, les yeux exorbités : « Un Nokia ?!? » Dans son établissement, comme dans beaucoup d'autres, ils ont tous un smartphone dernier cri, un iPhone ou un Samsung. Et « quand je dis tous, c'est tous. Oui, même elle », plaide-t-elle en pointant la « grosse fille à lunettes ».

Des parents déconnectés

C'est le nœud de l'histoire. Les parents réalisent que leur bébé est en train de grandir, et de s'approcher de l'âge adulte. Ils voient d'abord son corps qui change. Puis se prennent au visage la quête d'indépendance et d'autonomie. Pour accompagner cette dernière, ils pensent à une solution évidente afin de maintenir le lien : le portable. Pour peu qu'ils soient séparés, l'urgence semble encore plus prégnante. Aujourd'hui, dès le collège, ils en ont tous un. Tous ? Quasiment. Les dernières études relèvent que 93 % des 12-17 ans sont équipés, essentiellement de smartphones, qui permettent de se connecter à Internet et de profiter des réseaux sociaux. Et s'il demeure quelques (très) rares réfractaires ou malheureux lésés, l'appareil est dans toutes les poches, dans tous les sacs, dans toutes les mains.

Celui qui n'a pas de téléphone en troisième ose à peine le dire. Même les CM1 et CM2 se mettent à en réclamer. SMS illimités pour 2 euros par mois, Wi-Fi à chaque coin de rue, nouveaux réseaux sociaux, derniers jeux vidéo, nouvelle communication… La « génération Facebook », qui a découvert le premier réseau social tranquillement assise derrière son ordinateur, est déjà larguée par la suivante. Tout va très vite. Place à la « génération Snap », référence à l'incontournable appli Snapchat à l'ergonomie incompréhensible pour les plus de 25 ans.

Connectés partout, tout le temps, les 10-18 ans mettent à l'amende leurs aînés avec cet objet ventouse d'attention. « C'est toute notre vie », glissent-ils. Sauf que sitôt mis entre les mains de leur progéniture, les parents le regrettent. Et qu'ils n'espèrent pas revenir en arrière, quand ils l'ont, ils s'y accrochent. Impossible donc de les en priver, excepté lors des rares moments où ils s'autorisent à le leur confisquer. Inès, Parisienne dégourdie de 14 ans, raconte : « Ma mère m'a confisqué mon téléphone il y a trois jours, mais ce qu'elle ne sait pas, c'est que j'en ai un planqué sous mon matelas. C'est mon ancien. Elle croit qu'il est chez mon père, mais non il est là. J'en ai même deux, et je garde aussi un vieil iPod Touch, au cas où. »

Les adultes sont largués. Ils ne comprennent pas bien les mille possibilités de l'objet qui, hier encore, ne servait qu'à passer des appels. Les nouveaux usages leur échappent, alors machinalement ils posent la même question en boucle : « Mais qu'est-ce que tu fais encore sur ton portable ? » Près d'un parent sur deux se déclare incapable de dire combien de temps passe son enfant sur son smartphone, ni ce qu'il y fait. Dans les sondages en vue de la présidentielle, la réponse « Ne sait pas » recueille habituellement entre 0 % et 5 %. Là, elle oscille entre 46 et 49 % ! Un véritable aveu d'ignorance.

Un centre névralgique

Aller voir, observer, étudier, discuter… pour finalement dédramatiser. Que trouve-t-on dans le portable d'une ado comme Inès, en quatrième au collège Carnot à Paris ? Évidemment, des réseaux sociaux, cités par ordre de préférence : Instagram, Snapchat, WhatsApp et Facebook. Mais aussi Musical.ly, une appli de vidéos musicales façon karaoké, la plateforme de streaming de séries Netflix, quelques jeux vidéo « pour l'avion », et des applis de retouche photo comme Aviary ou Flipagram. Mais aussi des émojis en veux-tu en voilà : des cœurs de toutes les couleurs, des bagues de fiançailles pour signifier l'amour, des étoiles, des panneaux interdits aux moins de 18 ans (pour les images liées au sexe), des stickers… En somme, tout le nécessaire à la survie dans l'adosphère.

Amis, amours, passions, doutes, déceptions, confrontation avec les parents… Ils demeurent des adolescents comme les autres. La connexion en plus.

Le smartphone est un centre névralgique, une salle des machines, plus qu'un simple doudou numérique qui permettrait de garder le lien avec les parents. Il est un couteau suisse multifonction, une source d'occupation, partout et tout le temps.

Privé de sortie pour de mauvais résultats ou empêché par ses parents de peur qu'il ne zone ? L'ado va gérer sa sociabilité sur les réseaux, discutant en temps réel par mini-messages ponctués de visages expressifs et petits pictogrammes, par photos gribouillées de quelques dessins, par vidéos retransmises et commentées en direct. Ça s'amuse, ça se drague, ça se rapproche, par écrans interposés. Tous n'ont pas exactement le même usage, et tous ne cumulent pas toutes les pratiques listées, mais on remarque des constantes.

Et quand la discussion s'essouffle, le portable devient canal de vie culturelle. Musique, sketchs, séries, films, jeux vidéo... Tout passe par le petit écran. C'est sur la plateforme YouTube que l'on va quand on a ne serait-ce que 10 minutes à tuer. 95 % des 15-24 ans y regardent au moins une vidéo par mois. Mais généralement, les séquences s'avalent à la chaîne, ils passent finalement des heures à aimer « se perdre ». La même dynamique tue-l'ennui se retrouve aussi dans l'appel des jeux vidéo, bien souvent de mini-casse-tête qui passent le temps ou des jeux plus stratégiques, où l'on peut retrouver ses amis en réseau.

Moins cantonné à sa chambre que ses parents, l'ado déambule, passant du lit au canapé, toujours connecté. Jusque dans les toilettes, la série n'a plus à s'arrêter le temps de la pause pipi. Du matin au soir, il alterne entre les applis et les usages, en mode multitâche. Les parenthèses de déconnexion sont rares. Et il ne faut pas compter sur le bahut pour réussir à imposer son règlement.

Se forger une identité

En 2016, le réseau star, c'est Snapchat. À l'opposé du Facebook des adultes, cette appli, c'est la leur. Elle leur parle (les moins de 25 ans représentent d'ailleurs plus de la moitié des utilisateurs français). Ils s'y sentent chez eux, séduits aussi bien par la fugacité de ces messages qui s'autodétruisent que par le prérequis du nom de compte, indispensable avant tout contact. Ils y rigolent, s'y lâchent, s'y dévoilent. Ils y vont « comme ils sont », façon slogan de McDonald's.

À l'inverse, Facebook, même s'il reste un préalable à la vie sociale numérique, est devenu le terrain où l'on traîne, on espionne, tout en jonglant avec ce caractère semi-public qui fait que l'on peut y croiser son père, ses frères ou même ses profs.

Ces derniers s'attachent d'ailleurs à multiplier les messages de prévention sur la protection de la vie privée, plus que nécessaire face à cet Internet qui n'oublie rien. Les gamins n'ont pas tous conscience de la portée de chaque photo ou de chaque insulte, mais ils manient avec dextérité les paramètres de confidentialité et savent ruser avec des pseudos lorsque nécessaire.

En postant des instantanés de vie et en les échangeant avec leurs amis, ils se racontent, se découvrent, se forgent une identité, entre eux, loin des parents.

La photo format autoportrait, dite « selfie », devient le meilleur moyen d'être le spectateur de sa propre évolution mais surtout d'accrocher le regard des autres. L'occasion de récolter des « J'aime » (« Like » en anglais), sorte de bons points distribués par ses relations numériques et qu'il est de bon ton de récolter en masse. Vue comme anxiogène par les parents, cette « quête du like » est aussi un moyen pour eux de regagner en assurance, un besoin inhérent à l'adolescence.

Que les parents soient soucieux de maintenir un cadre est une très bonne chose, en particulier la nuit, où 23 % des 11-14 ans et 40 % des 15-18 ans avouent rester éveillés pour tchater sur leur portable. Mais le jeu du chat et de la souris n'a pas forcément de sens. Plutôt que de surveiller façon Big Brother, mieux vaut s'intéresser, poser des questions, pour comprendre cette première génération d'adolescents totalement connectés. Avec tout ce que cela implique, en bien comme en mal.

10 chiffres :

93 % des 12-17 ans ont un téléphone portable

79 % sont inscrits sur au moins un réseau social

94 % des 13-19 ans regardent des vidéos sur Internet

Les 7-12 ans passent en moyenne 5 h 30 sur Internet par semaine

Les 13-19 ans passent en moyenne 13 h 30 sur Internet par semaine

Plus de 50 % surfent dans leur lit

42 % des filles de 15-18 ans restent éveillées la nuit pour tchater, 38 % des garçons

67 % des parents déclarent que l'utilisation du portable entraîne des tensions dans la famille

77 % des parents prennent des mesures pour essayer de contrôler l'usage du téléphone par leur enfant

6 à 7,5 % des 12-15 ans réalisent des selfies intimes, parfois sous la contrainte

Sources : Crédoc, Statista, Ipsos, Génération Numérique, OpinionWay, Centre Hubertine Auclert.

Première partie

« C'est quoi ce truc ? »

Chapitre 1

Le portable

La scène est devenue banale. L'adolescent, fille ou garçon, très jeune ou petit adulte, a la tête baissée. Il ne réagit pas aux interpellations, est ailleurs, comme absorbé. Ça se passe comme ça en voiture, à table, en cours, devant la télé, dans les familles aisées comme chez les plus modestes « Nan mais tu m'écoutes ? – Oui, oui, tu disais ? », rétorque l'intéressé/e avec plus ou moins de désinvolture. Il ne bouge pas, fixe l'appareil mais son visage passe par mille expressions. Il sourit, grimace, frétille de l'index, ou jongle du pouce. Quand on entre dans sa chambre, il l'enfouit subrepticement dans sa poche. « Qu'est-ce que tu ranges dans ta poche là ? » Évidemment son incontournable smartphone.

Précieux smartphone

Ce terme anglo-saxon – qui désigne les téléphones à écran tactile permettant d'accéder à Internet – n'est presque plus utilisé dans le langage courant, à part dans les journaux ou magazines spécialisés. On lui préfère le terme générique de portables. Et ces derniers sont presque partout, même si quelques parents récalcitrants et des fans de vintage leur préfèrent les téléphones à touches. En 2016, 87 % des ados sont dotés de smartphones, selon le Crédoc (Centre de recherche pour l'étude et l'observation des conditions de vie). Un chiffre qui a explosé, puisqu'ils n'étaient que 22 % des 12-17 ans à en posséder un, quatre ans plus tôt.

Mais il ne faut pas croire ces gamins tombés de la dernière pluie. Tous savent que les téléphones n'ont pas toujours été si perfectionnés. Surtout les lycéens qui ont débuté avec les bons vieux appareils à touches. « Mon premier téléphone, c'était un Alcatel avec clavier, raconte Océane, aujourd'hui âgée de 18 ans. Je ne pouvais pas faire grand-chose avec, tout juste envoyer des SMS… Maintenant c'est mieux, j'ai un iPhone », crâne dans un large sourire cette Parisienne. De son côté, Capucine, 14 ans, confie : « Moi j'ai commencé par un Nokia 3310, et j'étais déjà super contente, même s'il fallait tapoter trois fois sur une touche pour faire une lettre. » Un souvenir bien lointain.

S'il fallait déterminer l'âge moyen du premier portable, on pourrait avancer celui de 11 ans. Un seuil souvent cité par les parents comme le « bon moment », selon un sondage de Médiamétrie de 2012. Notamment parce qu'à 11 ans, on entre en sixième. L'arrivée au collège est perçue comme le début d'une plus grande autonomie, notamment dans les déplacements. Et les parents jugent souvent utile de l'accompagner par un cadeau qui maintienne un peu plus le cordon : le premier téléphone. Quand on les interroge, ils répondent, gênés : « Oui, je sais, c'est nous qui leur avons mis entre les mains. Ça nous rassure, confie Sophie, maman de trois enfants, j'aime bien recevoir le petit SMS de ma fille de 12 ans le matin qui me dit qu'elle est bien arrivée au collège. »

Mais ce n'est pas le cas partout. Aux États-Unis, selon une étude de 2013, l'âge moyen est de 7 ans pour l'achat du premier téléphone ! Un extrême que les parents justifient par le déculpabilisant « en cas d'urgence ». Et sur le modèle américain, au fil des ans, la barre symbolique française des 11 ans a tendance à s'abaisser : 28 % des 9-10 ans (soit en CM1 et en CM2) possèdent déjà un mobile, pointe le baromètre du Crédoc, dont 60 % un smartphone. « Le premier téléphone commence à apparaître dès le CM1, confirme Anne-Catherine Baseilhac, spécialisée dans le coaching parental. Mais ça reste en majorité vers la sixième que la plupart des parents sautent le pas. Ils invoquent l'autonomisation, alors qu'en réalité il s'agit surtout d'un moyen pour eux de se déculpabiliser et de se rassurer. Nombre d'adultes sont bien plus inquiets que leurs enfants. Ils se justifient par cette idée que l'enfant pourra les appeler s'il se passe quelque chose, alors qu'en réalité, au moindre souci, un enfant peut aisément demander à un adulte d'appeler ses parents… »

Indispensable pour l'intégration sociale ?

Les ados de leur côté savent habilement rebondir sur les inquiétudes de leurs parents. « J'ai eu mon premier portable en sixième, raconte Enzo, Parisien de 17 ans. Ma mère était stressée parce que je devais prendre le métro tout seul. » Pour d'autres, la négociation est plus rude. Comme Bastien, Bordelais de 16 ans, qui l'a eu en cinquième « après avoir convaincu [s]es parents que c'était plus pratique quand [il] finissai[t] tôt, pour les transports ». Même combat pour Julie, 15 ans, de Dammarie-les-Lys en région parisienne : sans portable pendant les premières années de collège, elle s'est sentie ostracisée. « J'ai dû attendre la quatrième ! C'était super frustrant ! Quand un garçon me demandait mon numéro, j'étais là, les joues écarlates et je n'osais rien dire. Je me sentais bête… Ça me manquait. Finalement, j'en ai eu un quand on a déménagé. »

Les générations précédentes imposaient la dictature des dernières Nike ou du blouson en cuir, la présente fait du portable un préalable à toute intégration dans le groupe. Faute de quoi, on risque de se voir moqué et tenu à l'écart, du fait de son incapacité à interagir numériquement. Même si cette « incapacité » peut être contournée par d'autres engins « connectés », comme le baladeur iPod Touch ou les tablettes (c'est le deuxième écran le plus utilisé par les 6-14 ans, selon Médiamétrie) qui permettent de profiter des mêmes applications que les smartphones. Dans l'avion qui la ramène de Grèce, Juliette, 11 ans et originaire d'un « micro-village près du Mans », explique qu'elle attendra patiemment la quatrième, comme sa sœur, pour avoir un téléphone. Elle affirme sans la moindre frustration : « Je me sers de ma tablette. J'ai téléchargé "Pokémon Go" par exemple, et j'ai joué tout l'été. Comme les autres. »

Certains s'y font donc très bien. Quentin, Parisien de 17 ans, a patienté jusqu'en troisième, et dit l'avoir également plutôt bien vécu. « J'ai des parents assez stricts qui ne voulaient pas que j'en aie un avant le lycée, raconte ce terminale du lycée Louis-Le-Grand. J'étais le dernier du collège à l'avoir, mais je le vivais plutôt bien. Même pour draguer, ça allait, j'avais Facebook sur l'ordinateur de la maison. »

La fin de la limite des SMS

Le type d'appareil varie souvent selon l'âge des adolescents. Les lycéens avaient tendance à recycler l'ancien mobile de leurs parents avant de se voir offrir les leurs, alors que les collégiens commencent plutôt par des portables d'occasion ou des modèles basiques, pas trop chers (dits « *low cost* »). « Mon premier téléphone, c'était l'ancien de mon père, un Sony Xperia un peu vieillot, mais qui faisait l'affaire », dit Antoine, 15 ans, en ajustant ses lunettes. Même schéma pour la sociable Lise, 18 ans, qui a aussi récupéré « l'ancien Xperia de sa mère ». Yohan, 11 ans, a eu plus de chance : à Noël dernier, il a reçu « un Samsung Galaxy GrandPlus de la part de [s]es parents ». Pour la petite Manon, 11 ans, c'est sa grand-mère qui lui « a offert l'an dernier un Danew, un téléphone low cost mais qui marche bien ».

Ces premières acquisitions marquent le début d'une longue série. Avec le temps, les adolescents montent en gamme et ne se contentent plus de récupérer les vieilleries qui traînent dans un tiroir.

Certains reçoivent même en cadeau le top du smartphone dont on sait que la durée de vie ne sera guère plus de dix-huit mois. Les derniers Samsung Galaxy et iPhone font figure de Graal. Alexandre, 17 ans, les cheveux sculptés au gel, commente : « Mes parents viennent de m'acheter un Samsung Galaxy S7. C'est génial ! Je n'en pouvais plus de mon vieux HTC. » Laura, 17 ans, l'air candide, bichonne aussi son iPhone 6 flambant neuf : « J'ai travaillé tout l'été pour pouvoir me l'acheter. » Le smartphone à la pomme croquée demeure la star des adolescents : 69 % en possèdent déjà un, et 75 % veulent que ce soit leur prochain téléphone, rapporte une étude menée par la banque Pipper Jaffray.

Côté forfait, l'âge est également déterminant. Plus ces jeunes vieillissent, plus ils ont « besoin » de giga-octets (soit la capacité de téléchargement, aussi bien des photos que des MP3). Mais le plus déterminant dans tout abonnement, c'est la possibilité d'envoyer des messages SMS et MMS en illimité. En moyenne, les 12-17 ans envoient près de 300 SMS par semaine, souligne le Crédoc. Si bien que tous les opérateurs télécoms proposent désormais d'office cette option, même avec le moins cher des forfaits. Pour le reste, tout est question de négociation, mais aussi de milieu social, d'offre, d'engagement des parents... Davantage encore que le nombre d'heures d'appel, les adolescents regardent surtout la vitesse de surf (3G ou 4G) et le nombre de « Mo » (pour « mégaoctets ») disponibles, qui vont conditionner le temps d'utilisation mensuel d'Internet et des applications. Le bonheur ultime étant l'abonnement « tout illimité » qui comprend 50 Go (soit 50 000 Mo) en 4G.

La chasse aux Wi-Fi

Mais avant d'atteindre ce paradis, un bon nombre d'adolescents doit jongler avec les 50 Mo du mini-forfait de Free Mobile à 2 euros. Lancé en 2012, cet abonnement a chamboulé les usages, leur permettant, pour une somme dérisoire, de bénéficier des incontournables SMS illimités et d'une brève connexion. On a vu l'avant et l'après. Le taux d'équipement a explosé.

On estime que ces 50 Mo permettent de consulter Facebook pendant une dizaine de minutes. Autant dire très peu quand on sait que ces jeunes utilisateurs passent en moyenne deux heures par jour sur leur smartphone, selon une étude TNS Sofres. Pour rester connectés, ils ont donc rapidement pris l'habitude de débusquer les points gratuits d'accès à Internet sans fil (Wi-Fi), aussi bien chez eux que dans les cafés. « Je n'ai pas beaucoup d'Internet, mais ça va, je me débrouille avec les Wi-Fi, confirme Bastien, 16 ans, en première ES. Il y a celui de la maison, ceux des bars, et les Free Wi-Fi. » En effet, Free, comme d'autres opérateurs, propose à ses abonnés de profiter gratuitement de nombreuses connexions un peu partout dans les villes. Une « révolution », selon Xavier Niel, cofondateur de Free, qui a réussi à capter beaucoup de jeunes (sur les 12,8 millions d'abonnés Free Mobile, 57 % bénéficient du forfait à 2 euros).

Dans le 17e arrondissement de Paris, Gaspard, 13 ans, un ado bien dans ses baskets Nike cite avec précision les poches de liberté autour de chez lui où il capte le Wi-Fi. Il en parle comme un surfeur des plages où on est sûr d'attraper de bonnes vagues :

« J'en chope de la maison à la banque puis plus rien et ensuite place du Brésil, il y en a à cinquante mètres de mon collège. » En vacances, c'est assez drôle de les observer revenir à la vie quand, en ville, ils se rapprochent des terrasses de cafés.

Les parents, eux, sont dans le flou total sur la frénésie de consommation de leur progéniture. Ils constatent, mais ont du mal à véritablement évaluer. Ceux qui croient savoir ont tendance à surévaluer les pratiques, parce que ça les angoisse. Une étude de la start-up Xooloo met en relief que les parents pensent que leurs ados jouent chaque jour 1 h 15 à des jeux vidéo (contre 25 minutes en réalité), passent 67 minutes à regarder des vidéos sur Internet (contre 21 minutes en réalité), et discutent 51 minutes en ligne (contre 8 minutes en réalité). Une déconnexion qui s'explique essentiellement par une méconnaissance des usages réels.

« Les parents disent souvent "mon ado est tout le temps sur Internet", pointe Jocelyn Lachance, docteur en socio-anthropologie et en sciences de l'éducation à l'université de Pau, spécialiste des adolescents connectés. Mais quand on les interroge sur ce que l'ado y fait, ils ne savent pas répondre. Or, c'est un peu comme dans la vraie vie. C'est comme si l'enfant n'était pas chez lui, et que les parents ne savaient pas où il se trouve. Dans les deux cas, il faut les interroger, leur demander des comptes. »

Pas de portable avant le collège

Par Sylvain Berdah, psychiatre notamment pour enfants et adolescents (mais pas que !)

« Difficile de déterminer scientifiquement le bon âge pour acheter le premier téléphone. Pourtant, tous les parents s'interrogent sur cette question, qui revient systématiquement dans chacune de mes consultations, aussi bien dans les discussions larges que plus ciblées. Je considère qu'il est raisonnable de ne pas leur mettre de portable entre les mains avant le secondaire.

On peut préciser qu'il y a plusieurs facettes dans cet objet : le “téléphone écran”, dont se servent déjà les tout-petits pour des mini-jeux, et le “téléphone hors écran”, que les parents achètent pour se rassurer et calmer leurs angoisses. Auparavant, les parents laissaient vivre leurs enfants, tout en leur donnant un cadre éducatif. Aujourd'hui, ils les sollicitent de manière excessive, pour répondre à leur désir de tout réussir.

Avec le portable dans la poche du petit, les parents se sentent rassurés, mais c'est une illusion. Souvent, il répond peu à leurs appels ou SMS. Quand bien même le maintien d'un contact permanent serait possible, il n'est pas souhaitable. Il est même dangereux et anxiogène. Cela insiste sur l'idée que le monde extérieur est dangereux, au risque de placer l'enfant dans un état d'inquiétude permanente. »

CHAPITRE 2

Les réseaux sociaux

L'écran brillant est la porte d'entrée d'un monde numérique riche et vaste. « Il ne faut pas voir le téléphone comme un appareil physique, mais comme une possibilité de se connecter aux autres », prévient Danah Boyd, chercheuse américaine en sciences humaines et sociales, pointure internationale en médias sociaux et jeunes. Mais pourquoi tant de temps passé le nez collé à l'écran ? Elle répond avec cynisme : « La plupart préfèrent discuter avec leurs amis ou regarder des vidéos marrantes plutôt que de prêter attention à ce que disent les parents. Ce n'est pas nouveau. Ces derniers ont toujours investi beaucoup de temps et d'énergie dans leur progéniture, alors que celle-ci les ignore. Les parents ne sont pas assez attentifs à la manière avec laquelle les adolescents interagissent avec leurs pairs lorsqu'ils sont laissés sans surveillance, sinon ils auraient réalisé que les téléphones sont désormais totalement inclus dans chaque moment de leur vie. »

Oui, le portable reste le vecteur principal de communication. Les adolescents s'y consacrent toujours plus à mesure que leur cercle d'amis s'étoffe et se fidélise. On va sur les réseaux sociaux, comme on allait au parc. Les quoi ? Les réseaux sociaux ou « *social networks* » – dont le nom provient des études anthropologiques de John A. Barnes de 1954 [1] – désignent désormais ces plateformes en ligne où les internautes peuvent dématérialiser leurs liens sociaux.

La plus célèbre est évidemment Facebook. Pourtant, il ne fut pas le premier. En 1995, Classmates permettait déjà de retrouver ses anciens camarades de classe (à la manière du *frenchy* Copains d'avant). Deux ans plus tard, SixDegress.com a inventé la recette du réseau social tel qu'on le connaît aujourd'hui, reprise par Facebook à partir de 2004. Les chercheuses Nicole Ellison et Danah Boyd la définissent alors précisément : « Des services web qui permettent aux individus de construire un profil public ou semi-public, et d'articuler une liste d'autres utilisateurs avec lesquels ils partagent des relations. »

De plus en plus tôt

S'inscrire sur un réseau social devient vite un passage obligé pour s'intégrer socialement. « Je me suis inscrite sur Facebook en CM2 alors même que mes parents me l'avaient interdit, raconte Chloé, 16 ans,

1. L'anthropologue britannique John A. Barnes développe la notion de « réseau social » comme « ensembles de relations entre personnes ou entre groupes sociaux », dès 1954, dans « Class and Committes in a Norwegian Island Parish », *Human Relations*.

en première dans la Vienne. Ma meilleure amie l'avait et je me sentais nulle. Je me suis inscrit sous un faux nom ressemblant au sien, pour faire croire qu'il s'agissait de son compte. Je me suis finalement fait griller en sixième par ma grande sœur. J'en ai parlé avec ma mère et finalement j'ai eu le droit de garder mon compte tant que ma sœur me surveillait. »

Tous les adolescents connaissent cet âge minimal de 13 ans, pour l'ouverture d'un compte Facebook. Il est fixé sur la base d'une loi américaine qui stipule que les entreprises du net ne peuvent pas utiliser les données des mineurs de 13 ans sans autorisation parentale. Sauf que cette barrière s'avère en fait très virtuelle, puisqu'il suffit de modifier sa date de naissance lors de l'inscription. 15 % des 7-9 ans et 35 % des 10-12 ans seraient déjà inscrits, dans le monde, selon l'association e-Enfance. Et le pourcentage grimpe même à 55 % des 11-13 ans en France, affirme l'association La Voix de l'enfant.

Thomas, Parisien de 15 ans, a été très précoce : « Je me suis inscrit quand j'étais en CE2. On déménageait, et j'ai demandé à ma mère de m'ouvrir un profil pour rester en contact avec mes amis. Facebook était alors assez vide. »

Pour d'autres, l'attente est plus longue. Par exemple, Manon, 11 ans, « aimerait trop avoir un compte Facebook », mais ses « parents ne veulent pas avant qu'[elle] ait l'âge », soit encore deux ans d'attente. « Au collège, tout le monde parle de Facebook, d'Instagram et de Snapchat..., raconte la collégienne de Velaux, dans les Bouches-du-Rhône. C'est sûr, j'aimerais bien les télécharger, mais mes parents ne veulent pas et je comprends. »

Si la pression pour « être connecté » est pesante, ils sont les premiers à réaliser, avec le recul, que les réseaux sociaux ne servent pas à grand-chose avant un certain âge. Enzo, 17 ans, raconte s'être inscrit sur Facebook, il y a six ans : « Tout le monde y était. Mes amis me disaient que c'était plus simple pour les messages. Même ma mère m'a encouragé ! Mais finalement, je ne m'en servais pas vraiment. Je l'utilisais surtout pour les jeux. » Difficile de fixer l'âge optimal. Ce seuil des 13 ans, au milieu de la scolarité du collège, est assez évident compte tenu du développement à cet âge des cercles de sociabilité. Mais il varie énormément en fonction de la maturité de l'enfant. Les parents doivent accompagner cette inclination nouvelle. « Quand son enfant va quelque part, on lui demande toujours où et avec qui, souligne Jocelyn Lachance. Sur les réseaux sociaux, c'est pareil. Il faut le même accompagnement que dans l'espace physique, la même sensibilisation. Il faut s'intéresser à ce qu'ils font, et avec qui ils communiquent. »

Conseil aux parents :
Accompagner l'inscription

Il y a toujours ce moment où l'ado demande à ouvrir un compte sur un réseau social. Sur Facebook, l'âge « légal » est fixé à 13 ans. Mais avant de sauter le pas, on peut en profiter pour aborder les problèmes liés à la protection de la vie privée sur Internet, pour parler concrètement de la responsabilité du partage d'images et de contenus. L'accompagnement doit d'ailleurs se prolonger jusqu'au paramétrage du profil (compte fermé de préférence), afin de protéger au mieux l'enfant.

> Plus d'infos sur les paramètres Facebook : www.facebook.com/help/239070709801747/

L'obligatoire Facebook

Globalement, les plus jeunes suivent le réflexe Facebook, comme leurs aînés. Selon Médiamétrie, un Français sur deux dispose d'un compte, sur lequel il développe son profil, partage des messages / des photos / des vidéos / des liens vers des articles de presse, se constitue sa liste d'amis, échange avec eux par messages publics ou privés, joue à des jeux vidéo, célèbre des anniversaires... Et le tout se commente et se « *like* » (on attribue un « J'aime » à un contenu, sorte de bon point numérique).

Et l'ado dans tout ça ? Il a adapté son utilisation par rapport à ce que Facebook est devenu : un espace incontournable, mais aussi semi-public. En effet, lors de son lancement en France en 2007, le réseau social cofondé par Mark Zuckerberg comptait 58 millions d'utilisateurs. Dix ans plus tard, il en totalise près de 2 milliards [1] ! Facebook n'a plus l'image du réseau

1. Facebook comptait 1,8 milliard d'utilisateurs lors de la rédaction de ces lignes, en octobre 2016.

social tendance. Il est devenu un espace numérique « obligatoire », où l'adolescent retrouve « un peu tout le monde ». Les autres collégiens et lycéens, passe encore, mais aussi toute sa famille, depuis ses parents jusqu'à parfois ses grands-parents. Avec une liste d'« amis » aussi longue, difficile de se lâcher... Certains désertent.

« Sur Facebook, je suis fantôme, s'amuse Elsa, Parisienne de 16 ans. Je change juste ma photo de profil de temps en temps, mais je ne poste jamais rien. » Constat partagé par Margaux, 16 ans : « Je ne mets pas de trucs perso sur Facebook parce que j'ai beaucoup trop d'amis, environ 500. C'est un cercle très large, avec des gens que je connais de loin, du lycée, de colo... » La liste de contacts ne cesse de s'étoffer au gré des années. S'y ajoutent les copains de primaire, du collège, du lycée, des vacances, et toute la famille. Pas étonnant que les ados se retrouvent vite avec plus de connaissances que leurs parents. « J'ai mon compte depuis la sixième et j'ai accumulé pas mal d'amis, confirme Enzo, 17 ans, grand gaillard aux épaules carrées. Pourtant, je publie très peu. J'ai la même photo de profil depuis près de trois ans. »

Ces jeunes comptent en moyenne 300 amis, souligne l'institut d'études Pew. 27 % atteignent même les 500. Toutefois, Robin Dunbar, professeur britannique de psychologie à l'université d'Oxford, estime que le nombre maximal de personnes avec lesquelles il est possible d'entretenir des relations sincères et fortes (de « vrais amis ») tourne autour de 150. Une limite qui serait liée à la taille du cerveau et aux impératifs temporels pour entretenir de véritables amitiés. Implicitement, sur Facebook, on reste généralement sage et posé, et on filtre pour que ce soit *family-compatible*. Louis, 16 ans et en terminale L à Paris, dit préférer « ne pas mettre trop d'images de lui sur les réseaux sociaux ». Mais ce bon élève n'est pas seul. Beaucoup sont « abonnés à des pages mais ne postent pas vraiment », assure-t-il.

Il y a, malgré tout, les ratés du système, qui suscitent quelques frayeurs, en particulier lorsque les ados se font « taguer » (c'est-à-dire identifier) sur une image par des amis. « Sur Facebook, je suis ami avec ma mère, raconte Enzo, en terminale ES. Un jour, un pote a publié une photo de moi abusée. Je me suis vite dépêché de changer tous les paramètres pour la lui cacher, sinon elle aurait tapé une crise. Je ne voulais vraiment pas qu'elle la voie. »

On leur reproche de poster à tout-va, sans filtres. De n'avoir aucune conscience des notions de droit à l'oubli, de défense de la vie privée. Ce n'est pas si vrai. Entre le collège et le lycée, ils apprennent à faire le tri, sélectionnent davantage leur cercle d'amis. Malgré son air candide, Laura, Grenobloise de 17 ans, reconnaît qu'elle a créé son compte Facebook trop tôt. « J'étais en CM2. À l'époque, j'utilisais déjà le tchat MSN mais j'avais envie de plus. Après quand j'y pense, avec du recul, je ne postais que des photos de chevaux. À l'approche de mes 18 ans, je vais changer de compte, pour en avoir un plus sérieux. À partir du moment où on se rapproche du monde du travail, on sait que les employeurs vont aller regarder ce que j'ai posté. » Se faire discret, parce qu'on a conscience d'être scruté, c'est aussi le comportement qu'adopte Thomas, un élève parisien de seconde :

« Je sais que la surveillance informatique se développe et que s'il y a mon visage, on me retrouvera plus facilement. »

Facebook, has been ?

Les administrateurs de Facebook ont conscience de ne plus bénéficier d'une image « cool » auprès des plus jeunes. « Certains se dirigent vers d'autres produits et services, parfois utilisés comme substituts », note l'entreprise américaine dans son rapport annuel. Le réseau a donc opté pour une stratégie de diversification en développant avec succès son outil de discussion instantané, baptisé Messenger. Celui-ci permet à tout moment d'envoyer à l'un de ses contacts ou à un groupe des messages textes, des photos, ou des pièces jointes.

Bingo, les ados ont accroché ! « J'ai un compte Facebook, mais je ne m'en sers que pour Messenger, commente Lina, 12 ans. Ça me permet de parler gratuitement à mes amis partis vivre à l'autre bout du monde. » Antoine, 15 ans, renchérit : « Messenger, c'est l'appli que j'utilise le plus ! C'est plus simple et plus rapide que les SMS, et on a des notifications de *envoyé* et *lu*. En plus, les SMS, ça bugue souvent… Alors, comme tout le monde a Messenger, on ne communique plus que par ça. » Une utilisation telle que le nombre moyen de SMS envoyés par semaine baisse : chez les 12-17 ans, il est passé de 425 en 2012 à 289 en 2014. Pis, 20 % des 18-25 ans se disent même prêts à abandonner les SMS au profit d'une appli de messages par Internet, selon une étude du comparateur de forfaits Edcom.

Messenger, utilisé principalement via une appli pour smartphone, devient alors l'un des principaux canaux de discussion des adolescents. Tout s'y retrouve mélangé : les potins, les devoirs, les récits de difficultés, les préparations de fêtes, ou encore la drague. L'appli permet une certaine facilité de contact, puisqu'il suffit de retrouver une personne sur Facebook (bien souvent enregistrée avec son véritable nom) pour l'aborder. L'outil est non seulement très efficace pour les discussions en groupe, mais permet aussi une intimité proche du SMS, quand il n'y a que deux interlocuteurs. « Quand j'ai besoin de parler plus par écrit, je passe toujours par Messenger », insiste Margaux, Bordelaise de 16 ans. Dans cet espace clos calé au creux de la main, les adolescents se sentent plus en sécurité pour échanger des confidences.

Seule ombre au tableau : la diversité des gadgets de communication intégrés à l'outil qui brouillent parfois le sens. Les échanges sont ponctués de nombreux émojis (ces pictogrammes représentant essentiellement des visages expressifs ou des cœurs), d'autocollants (des images de personnages drôles) et de GIF (ces mini-séquences animées, souvent tirées d'une vidéo populaire). « Messenger, c'est très efficace, mais on ne comprend pas toujours bien les sarcasmes », analyse Quentin, Parisien de 17 ans.

Être beau sur Instagram

La mainmise de Facebook sur les pratiques adolescentes ne se limite pas à Messenger. L'entreprise américaine a racheté en 2012 Instagram, une application qui permet de partager des photos, sublimées ou détournées par des filtres. Ce réseau social parallèle à Facebook compte plus de 500 millions d'utilisateurs dans le monde, dont 11 millions en France, et 18 % des 15-24 ans français y sont présents, selon Médiamétrie. Pour les ados, Instagram, c'est l'album des plus jolies photos, aussi bien de soi (des selfies), de ses amis ou de sa famille, mais aussi de paysages de vacances et des animaux domestiques. « Je publie mes plus belles photos, celles avec un beau ciel ou une jolie pose », confirme Louisiane, Cannoise de 16 ans. « Sur Insta [surnom d'Instagram], on tape la pose, on se la pète !, poursuit Salma, 13 ans, tandis que ses boucles crantées s'agitent. Un peu comme sur Facebook en fait. » Sur cet espace, les adolescents laissent bien souvent leur compte ouvert à tous, et se retrouvent suivis par des gens hors de leur cercle. « Il y a beaucoup d'inconnus qui me suivent, pointe Louisiane, en première technique DTMS. Ça m'est déjà arrivé que certains m'abordent [dans l'outil de discussion interne]. En général, je ne réponds pas. »

D'autres ont développé la parade : ils se créent un second compte Instagram totalement bloqué où se partagent les « vraies » photos, des poses drôles ou embarrassantes, pas forcément valorisantes. Le tout dans le plus grand secret et à l'attention des amis les plus proches. La pratique est baptisée « Finstagram » (dit « Finsta »). « Moi, j'ai deux comptes Instagram, déclare Thomas, 15 ans. Un public où je partage des images de paysages, et un privé avec des photos de moi et de mon groupe de potes. » Un bon moyen aussi d'éviter les « stalkers », c'est-à-dire ceux qui vont parcourir en long et en large des profils d'utilisateurs connus ou non. « Oui, j'aime bien espionner les gens, même ceux que je ne connais pas, confie Emma, Parisienne de 13 ans. Sur Instagram, il y a des suggestions de comptes. Du coup, je vais sur plein de pages, je regarde ce qui est posté, les commentaires et les "J'aime"... »

En parallèle des ados-quidam, Instagram développe ses propres stars. Pas les people déjà célèbres pour leur activité, mais bien des personnes propulsées sur le devant du réseau social par la communauté, dans la veine des blogueurs stars des années 2000. Il s'agit essentiellement de filles, plutôt jeunes, qui multiplient les poses pour mettre en valeur leur look ou leur corps. Ces *it-girls* totalisent des centaines de milliers d'abonnés, voire des millions. Poses lascives devant un mur en briques ou face à un miroir, les jambes galbées et la poitrine en avant, façon Kim Kardashian. Celles qu'on surnomme les « Instagrammeuses » sont en quête de « J'aime » et de commentaires, afin de construire autour de leur image une communauté (donc une popularité), parfois dans l'optique de se faire repérer par une marque et toucher un salaire.

Reste que cette mise en scène de soi excessive et ce jeu sur les codes du corps féminin ne plaisent pas toujours aux adolescentes. « Sur Instagram, il y a une vraie pression sur les filles, à cause de tous ces comptes dédiés au physique sublime de certaines, estime Océane, Parisienne de 18 ans. La comparaison fait peur. » L'Instagrammeuse australienne Essena

O'Neill, 18 ans et 700 000 fans, a dénoncé cette spirale de beauté codifiée : « J'ai passé la majeure partie de ma vie d'adolescente à être accro aux réseaux sociaux, et à être focalisée sur mon statut social et mon apparence physique », a-t-elle lâché dans une vidéo-confession, avant de clôturer son compte.

Le roi Snapchat

Le vrai réseau star des ados pour partager des photos, c'est Snapchat. Lancée en 2011, cette application américaine a cartonné d'abord par le bouche-à-oreille. À tel point qu'elle compte désormais 150 millions d'utilisateurs dans le monde, et 8 millions rien qu'en France, dont plus de la moitié sont âgés de moins de 25 ans ! « Je n'utilise quasiment plus que Snapchat, explique Louisiane, lycéenne en internat. Je dois avoir 200 amis dessus. » Pourquoi un tel succès ? Parce qu'il ne s'agit pas d'un réseau social comme les autres.

Accessible uniquement sur mobile, Snapchat s'ouvre directement sur l'appareil photo, ce qui invite à capturer l'instant. L'utilisateur va alors prendre une photo ou une vidéo (dit « Snap », terme qui désigne par extension le réseau social), sur laquelle il peut, en quelques clics, ajouter du texte, des émojis ou des filtres (de l'indicatif heure actuelle à la transformation du visage). L'image est ensuite envoyée à des amis, qui ne pourront la consulter que quelques secondes, avant qu'elle ne s'autodétruise. Elle peut également être épinglée sur sa « Story », sorte de fil de journée en images, accessible aux seuls amis, uniquement pendant vingt-quatre heures, avant autodestruction. « Snapchat, je l'utilise toute la journée pour parler avec des amis, raconte Julie, 15 ans, en seconde. Je lis et je fais souvent ma Story. Je partage plein de selfies, surtout avec mes copines. »

L'idée est vraiment de partager le moment présent. S'y compilent les images du quotidien, souvent banales, pour une approche plus « réelle » que sur les autres réseaux sociaux. Tout y passe, tant qu'on s'amuse : grimaces, poses peu valorisantes, blagues ; mais aussi tout ce qui est défendu : selfies en train de fumer ou de boire de l'alcool. Autant d'images impensables sur Facebook. « Snapchat, c'est plus pour la déconne, détaille Thomas, 17 ans, de Perpignan. Je l'utilise tous les jours pour me marrer avec mes potes. » Même chose pour Lucille, 17 ans, de Meaux : « Quand je vois quelque chose de drôle, je fais un Snap. Par exemple, hier soir, j'ai regardé une interview de Marine Le Pen. Je l'ai prise en photo et je lui ai dessiné des cornes sur la tête avant de l'envoyer. »

Ludique, l'appli est donc le réceptacle de toutes les blagues. « En fait, Snapchat, c'est surtout pour parler avec des images drôles, commente Margaux, Bordelaise de 16 ans. Quand j'ai besoin de vraiment parler, je passe plutôt par Messenger. » En effet, l'outil de discussion intégré à Snapchat n'est pas idéal puisque les messages textuels s'effacent dès que la fenêtre est fermée, compliquant la possibilité de tenir une longue conversation.

Certains utilisent tout de même ce réseau représenté par un petit fantôme pour converser. Voire pour s'afficher comme militant. « Vendredi pendant la récré, tous les élèves devront s'asseoir dans la cour pour défendre notre plaisir : Hollande veut nous enlever deux semaines de vacances d'été !, s'insurge Lucie, 14 ans, dans un long message pratiquement sans aucune faute d'orthographe diffusé à tous ses amis. Si tu veux récupérer tes deux semaines de vacances, fais passer ce message pour que tous les collégiens soient au courant ! » Ce principe de la « chaîne de lettres », datant du Moyen Âge et popularisé avec les e-mails, s'est trouvé un nouveau vecteur, avec toujours le même objectif de désinformation ou de détournement d'attention. Dans le cas de Lucie, il s'agit d'une référence à une proposition de mars 2012 de François Hollande, alors candidat à la présidentielle, qui évoquait un raccourcissement des journées des élèves et peut-être des vacances. Mesure qui finalement n'a pas touché les vacances d'été.

Qu'importe la véracité, Snapchat n'est pas le temple du sérieux, on y vient pour rigoler, et se montrer comme on est. Et cette quête d'authenticité est d'autant plus facile que Snapchat n'a pas de compteur de « J'aime ». Sauf à envoyer un message privé, l'idée n'est pas de commenter les images partagées, mais plutôt d'y répondre par une autre. De même, les envois sont ciblés : impossible de réaliser un partage à tout un groupe, chaque personne doit être sélectionnée une à une. « Snapchat, ce n'est pas une course aux "J'aime", mais plutôt un espace dédié au fun, commente une représentante de l'entreprise américaine. Il s'agit de s'exprimer de la manière la plus naturelle possible, sans jamais chercher à apparaître sous son meilleur jour. Snapchat est l'un des rares endroits en ligne où on a le droit d'être moche. »

Alizée, 16 ans, de Bayonne, confirme : « On parle aussi par vidéo, et on joue avec les filtres. Ça fait passer le temps. » Depuis septembre 2015, l'application permet d'appliquer ces « filtres » sur les visages qui passent devant l'œil de la caméra du téléphone, transformant n'importe qui en chien, en alien ou en personnage fantasmagorique. Avec à la clef de bonnes tranches de rigolade et des partages en cascade. Si bien que plus de la moitié des 150 millions d'utilisateurs s'amusent régulièrement à se grimer.

Snapchat : qui peut le fun peut l'intime

Spécificité majeure sur Snapchat : pour échanger avec quelqu'un, il faut connaître son nom d'utilisateur (et pas seulement son véritable nom ou son numéro de téléphone), et il faut surtout que ce dernier accepte l'invitation. Un bon moyen de filtrer les balourds, et un encouragement à restreindre son réseau à un cercle de proches. « Les adolescents aiment Snapchat parce qu'ils s'y sentent en sécurité, pointe la représentante de l'entreprise. On n'échange qu'avec des amis que l'on connaît et que l'on accepte. »

Cela ne gomme pas tous les risques. Le principal sur Snap porte le nom de « screenshot » (dit « screen »). Car si normalement tous les messages et autres images s'autodétruisent au bout de quelques secondes, il est possible de réaliser une capture d'écran (« screenshot » en anglais) qu'on pourra garder pour éventuellement faire chanter la personne piégée. Cette menace potentielle est suffisamment dissuasive pour que ceux qui seraient tentés de trop en dévoiler se retiennent. Elle est aussi le nœud d'un vrai jeu de confiance entre ados : le partage d'un selfie désavantageux devient un test : si le destinataire « screen » (l'appli le notifie à l'auteur) et diffuse l'image, alors la confiance est rompue. Dans le cas inverse, la relation sort renforcée. Cela devient un vrai rite d'engagement, jaugeant la qualité (et la fiabilité) d'une amitié, si importante à l'adolescence.

Cette logique se retrouve également dans ce test d'amitié qui consiste à confier le mot de passe de son compte Snapchat à son (sa) meilleur(e) ami(e) pour prouver sa confiance et la force de l'amitié. « Je voulais lui prouver que j'ai confiance en elle », raconte Lucas, 14 ans, qui a confié son code à sa meilleure pote. Un peu comme une version numérique du pacte de sang, qui consistait à mélanger son sang avec celui d'une personne à laquelle on porte un amour fusionnel, aussi bien en amitié qu'en couple.

Conseil aux parents :
Se méfier de Snapchat

Sur Snapchat, les adolescents se sentent libres, en confiance, puisqu'ils y discutent dans des cercles fermés d'interlocuteurs choisis. Donc, ils s'y lâchent : commentaires graveleux, blagues vaseuses, photos coquines, dénudées ou carrément pornographiques... Le côté éphémère du partage, le côté gomme magique, incitant parfois à l'excès. Sauf qu'ils ne doivent jamais perdre de vue que leurs pairs les observent et qu'ils ne sont jamais à l'abri de l'intempestive capture d'écran (le « screen »). Aussi, il ne faut pas hésiter à amener la discussion sur ce qu'ils postent. Et si « Snap » est un monde totalement opaque pour les adultes, il faut que ces derniers osent se le faire expliquer afin de pouvoir engager la discussion.

WhatsApp, l'ombre de Messenger

WhatsApp n'est pas vraiment un réseau social, plutôt un outil de discussion gratuit qui concurrence à la fois le téléphone et les SMS. L'application permet, via la connexion Internet, de passer des appels ou d'envoyer des messages, des photos, des vidéos, des documents, et des messages vocaux à ses amis, également utilisateurs. On y livre des choses intimes à un interlocuteur sélectionné, ou on y papote en groupe.

C'est aussi un rival de Messenger, même si, étrangement, il a été racheté en 2014 par… Facebook. Même crémerie, mais usages différents. Encore une fois, les ados savent très bien s'y retrouver : « Avec mes potes, on utilise plus WhatsApp que Messenger, parce que les photos sont de meilleure qualité », estime Quentin, grand garçon de 17 ans. Même préférence dans les collèges Carnot et Ronsard de Paris, où les élèves multiplient les conversations par groupes pouvant se recouper sur les deux établissements.

WhatsApp rassemble, en particulier avec ses amis à l'étranger, ou ses correspondants, après les vacances ou un déménagement. En effet, l'application bénéficie d'une forte réputation à l'international (comptant plus d'un milliard d'utilisateurs, dont « seulement » 5,6 millions en France) et une connexion Internet suffit pour en profiter.

WhatsApp est aussi l'outil qui, sans tomber dans l'espionnage, permet d'avoir des nouvelles de ses enfants, en colonie de vacances, par exemple. Avec un côté « le coin des parents ». « Cet été, le directeur de la colo a créé un groupe WhatsApp réservé aux parents où les moniteurs postaient des photos, des vidéos, et donnaient des nouvelles des enfants », raconte Céline, 37 ans. Exit le répondeur où les monos enregistraient un message pour les parents, place aux messages multimédias avec le son et l'image !

Même chose à l'école primaire, où tous les enfants n'ont pas encore de portable. « Depuis trois ans, avec les parents, nous créons un groupe sur WhatsApp pour discuter, explique Sarah, 36 ans et mère de deux enfants de 8 et 10 ans. Les enfants ne notent pas toujours bien les devoirs ou oublient des cahiers à l'école. Sur le groupe, il y a toujours quelqu'un pour répondre gentiment à un message de détresse en envoyant une photo de la leçon à apprendre. » Une entraide qui peut parfois se transformer en pression, voire en tyrannie de certains parents modèles. La journaliste irlandaise Fiona Ness confie son désarroi face aux groupes WhatsApp, disant se sentir « aliénée et mauvaise mère » à cause des commentaires des parents « parfaits ».

Twitter, l'actu en temps réel

En plus de ces réseaux d'échanges, les adolescents s'emparent aussi peu à peu de Twitter. Le site, dit de « micro-blog », permet de partager des mini-messages de 140 caractères maximum, accompagnés le plus souvent de liens vers des sites web, de photos ou de courtes vidéos. On l'utilise un peu comme les anciens blogs, pour profiter d'un espace de publication et discussion totalement public, où les échanges se font essentiellement avec des inconnus. « Je raconte des choses de ma vie sans importance, je me plains, je regarde des vidéos absurdes, détaille Benjamin, Parisien de 15 ans. Au final, je ne mets pas de choses très personnelles… »

Si Twitter compte plus de 15 millions d'utilisateurs en France, selon Médiamétrie, les ados ne sont pas les plus gros utilisateurs. Ils connaissent tous la plateforme, mais seuls 25 % d'entre eux l'utilisent, souligne l'institut Ipsos. Ils y piochent surtout les dernières actualités. « En général, les infos y sont une demi-heure avant les chaînes d'actu », analyse Enzo, 17 ans, à la petite barbe qui se dessine. Avant de pondérer leur fiabilité : « Mais bon, il y a aussi beaucoup de conneries… » Chloé, élégante blonde de 16 ans, vient de s'inscrire sur Twitter et apprécie beaucoup cette réactivité. « Aussi, les blagues sont plus fines que sur Facebook », affirme-t-elle.

Twitter, c'est leur BFM TV à eux, le lieu de l'info en temps réel. Laura, 17 ans, l'a bien compris, et veut y prendre part. Entre les cours, cette terminale ES de Grenoble alimente un compte Twitter dédié à la chanteuse américaine Taylor Swift. « J'y poste des photos d'elle, je retweete [republie] ce qu'elle partage ou ce que d'autres fans partagent. Je l'ai ouvert quand j'étais en troisième, et aujourd'hui j'ai près de 2000 followers ! », annonce-t-elle, pas peu fière. Avec cet espace numérique, Laura la groupie exprime son amour pour la star, et échange avec d'autres fans. « Je suis aussi entrée en contact avec ceux qui gèrent le management à l'international, poursuit-elle. Ils m'ont laissé un message pour me remercier de la soutenir. Après, ils m'ont envoyé deux t-shirts et une lettre. »

Twitter, les insultes en temps réel

L'approche « tout public » de Twitter peut néanmoins en désarçonner certains. « Sur Facebook, tu demandes les gens en amis alors que sur Twitter, tu es comme lâché dans la nature », pointe Anna, 15 ans. Une nature qui peut se révéler hostile. « Twitter ouvre la porte au bashing », commente son pote Benjamin. Cachés derrière l'anonymat numérique, de nombreux utilisateurs n'hésitent pas à y déverser les pires injures, à partager des images atroces, à colporter des théories du complot vaseuses… En somme, tout ce qui peut se dénicher sur Internet. Une problématique dont a conscience le réseau représenté par un oiseau bleu. Dans une note interne révélée par la presse américaine, le P.-D.G. d'alors avertissait : « Faute de nous attaquer au problème, nous perdons des utilisateurs. » Surtout que parfois cette hostilité va cibler un ado, sur lequel on s'acharne.

Le harcèlement numérique, Axelle en a fait les frais. L'été dernier s'est transformé en cauchemar pour l'adolescente de 14 ans vivant à Arcachon. Grande utilisatrice de Twitter, elle s'est liée d'amitié avec plusieurs jeunes filles, rencontrées uniquement en ligne. Un soir, elle échange avec l'une d'entre elles et, pour symboliser sa soirée tranquille, envoie une photo d'elle en pyjama. Jusque-là rien d'anormal. Sauf que le lendemain, le cliché fait le tour de Twitter. Le prénom d'Axelle est sali d'insultes : « salope », « pute », ou même « suicide-toi ». Des centaines d'internautes totalement inconnus relaient les injures et la photo sur le réseau social. « C'était la déferlante, raconte-t-elle, la voix encore tremblante. Je ne savais pas quoi faire, je me sentais totalement seule. »

Axelle fait alors profil bas, désactive tous ses comptes et attend que ça passe, comme un mauvais orage. Sauf que les utilisateurs de Twitter ne se lassent pas de commenter sa photo en pyjama. Un mois et demi plus tard, la jeune fille ne sort plus de chez elle, de peur d'être reconnue, et pense au suicide. « Je ne voyais plus le bout du tunnel, la fin du calvaire… » Elle se décide finalement à en parler à sa mère. Ensemble, elles se rendent à la police d'Arcachon puis de Bordeaux qui, tour à tour, se déclarent impuissantes. Elles tentent aussi (en vain) de contacter Twitter. Avec le temps, les insultes se sont taries, reportées sur d'autres jeunes filles. Plus d'un an plus tard, Axelle dit « s'en être remise », mais confesse « avoir été traumatisée ».

Ce genre de mésaventure n'est hélas pas si rare : près d'un tiers des élèves déclare avoir déjà été insulté depuis le début de l'année scolaire, dont trois filles et deux garçons par classe, victimes de cybersexisme. Des insultes qui conduisent parfois à des drames, dont le cas le plus marquant demeure celui de Marion Fraisse, 13 ans, en quatrième à Briis-sous-Forges en banlieue parisienne, qui s'est suicidée en février 2013 après des mois de harcèlement sur les réseaux sociaux. La tragédie a d'ailleurs été adaptée en téléfilm avec l'actrice Julie Gayet.

Et le harcèlement twitteresque peut aussi cibler les profs. Sébastien, professeur d'histoire-géo, raconte que « l'an dernier, une classe a créé un compte Twitter pour insulter une prof. Ils ont publié des horreurs sur elle, des trucs sexuels, avec son nom… C'était très violent ».

Ultime illustration : une lycéenne s'est amusée à diffuser des ragots sur Twitter à propos d'adolescents de Lorient, inspirée par la série *Gossip Girl*. Qui couche avec qui, qui trompe qui, etc. Pendant plusieurs jours, celle qui répondait au pseudonyme de « Gossip Girl Lorient » a déversé nombre de rumeurs en identifiant les cibles par leurs noms et prénoms, voire photos. Le père d'une adolescente accusée de se prostituer a déposé plainte.

Periscope : du défi au dérapage

Les injures montent d'un cran avec Periscope. Cette application appartenant à Twitter permet de diffuser en direct sur Internet la vidéo captée par son smartphone, tandis que les internautes-spectateurs peuvent commenter et lancer des défis. Le tout, comme pour Twitter, en temps réel.

Lancé en 2015, Periscope compte déjà plus de 10 millions d'utilisateurs dans le monde, dont 41 % ont entre 16 et 24 ans, d'après l'institut anglais Global Web Index. Si aucune estimation n'a été établie pour les adolescents français, ces derniers sont de plus en plus nombreux à adopter l'application. Surtout depuis que le joueur du PSG Serge Aurier a dévoilé le véritable potentiel Periscope : dire tout ce qui nous passe par la tête, quitte à injurier, en direct, pour passer le temps et donner à ce flot d'horreurs une audience exceptionnelle.

Benjamin, 15 ans, décrypte le profil de ses pairs-périscopeurs : « En fait, ils font ça quand ils ne savent pas trop quoi faire, qu'ils s'ennuient. » Depuis la rentrée, certains collégiens et lycéens s'en servent aussi... pendant les heures de cours. Le portable calé dans la trousse, ils l'orientent vers leur visage et réagissent aux commentaires, disant le plus souvent « se faire chier ». « Évidemment que des photos et des vidéos sont prises en plein cours, souligne Sébastien, prof d'histoire-géo. Dans les cours où c'est le bordel, les élèves sont contents de le montrer. C'est dur à maîtriser, mais ça reste cantonné à une petite minorité. »

D'autres élèves font plus que filmer. « Certains se lancent des défis », explique Thomas Brissaire, du Syndicat national des enseignements du second degré (SNES), au site Huffington Post. Pour inciter les internautes chalands à visionner leurs aventures, les adolescents annoncent (et exécutent) : « À 10 [connectés] je me mets torse nu » ; « à 30 je me coupe les cheveux » ; « à 50 je sors une boule [un testicule] ». D'autres menacent carrément le professeur, promettant de « taper le prof » dès le cap de 20 spectateurs atteint, ou de « jeter un clavier sur la prof » pour 70 visionneurs.

Et le jeu des défis filmés en direct, dans la veine du récent thriller *Nerve*, va plus loin que les portes du bahut. Si bien qu'en avril dernier, deux adolescents de 15 et 16 ans se sont amusés à rouer de coups une personne choisie au hasard dans les rues de Bordeaux, sous les encouragements d'une quarantaine de spectateurs.

Mais les ados qui jouent avec le feu demeurent une minorité. « J'ai téléchargé Periscope mais il y a trop de trucs qui ne sont pas de mon âge, estime Myriam, 13 ans, à Mantes-la-Jolie. On voit en direct des filles qui se dénudent, des gens qui se filment en train de se reproduire… J'ai arrêté d'y aller. » Nombre d'ados, s'ils jettent un œil, n'adoptent pas ce nouvel outil, conscients des dérives potentielles. En effet, en matière de vidéo, la vaste majorité préfère l'indétrônable YouTube.

YouTube le divertissant

Si Snapchat et Messenger occupent une place centrale dans les échanges, YouTube tient pour sûr le rôle de centre du divertissement. Lancée en 2005, cette plateforme appartenant à Google propose à n'importe quel internaute d'héberger et de partager ses vidéos, ou de consulter les vidéos de n'importe qui, depuis le dernier clip d'une pop star internationale jusqu'aux confidences sans intérêt d'un quidam. Et, évidemment, chacun peut commenter la séquence de l'autre.

Un carton ! YouTube compte plus d'un milliard d'utilisateurs dans le monde (dont 24 millions en France) qui, chaque jour, partagent environ 600 heures de vidéos, et regardent l'équivalent de 46 000 années de vidéos. Les chiffres sont colossaux, et le succès se vérifie surtout auprès des plus jeunes : 95 % des 15-24 ans y regardent au moins une vidéo par mois, d'après Médiamétrie, et 64 % d'entre eux tous les jours ou presque. Et ces vidéos s'apprécient aussi bien sur le smartphone que sur l'ordinateur.

Du matin au soir, le moindre petit temps mort est comblé par une visite sur YouTube. « Le matin, quand je me prépare, j'écoute de la musique sur YouTube, raconte l'éclectique Alizée, 16 ans, en première L. Je lance une de mes playlists pour écouter Rihanna, Beyoncé, Christophe Maé ou Jean-Jacques Goldman. » Pour Océane, 18 ans et en terminale S, YouTube rime plutôt avec soirée : « Je traîne sur le site. Je regarde une vidéo, puis j'enchaîne avec une autre, et encore une autre. Et vite il est 2 heures du mat' ! On a une expression pour ça : "Se perdre sur YouTube." »

Devenue pléthorique, la plateforme propose désormais pratiquement autant qu'une encyclopédie divertissante : des sketchs humoristiques, des bandes-annonces de films, des tests de jeux vidéo et produits technologiques, des tutoriels pour se maquiller et se coiffer, des explications de mécanique, des recettes de cuisine, etc. Impossible de ne pas trouver quelque chose d'intéressant et de ne pas se « perdre » pendant des heures dans ses méandres.

Le principal type de contenus recherché, ce sont les clips musicaux. Les adolescents grandissent à une heure où le téléchargement illégal est surveillé. YouTube s'est ainsi imposé comme un moyen plus ou moins légal d'écouter de la musique gratuitement (certains utilisateurs y diffusent tout de même de la musique piratée). Même une plateforme de streaming de musique sur abonnement comme Deezer le reconnaît à *L'Obs* : « Notre véritable concurrent, c'est YouTube ! » Et, pour éviter d'écouter leurs morceaux préférés un à un, les adolescents développent des techniques, comme créer des playlists qui permettent aux clips de s'enchaîner, ou transformer le son des vidéos en MP3. Bastien, 16 ans et accro au hip-hop, dit « écouter beaucoup de musique, surtout du rap américain ». Musique qu'il « télécharge via un convertisseur de YouTube », c'est-à-dire un site permettant en quelques clics de convertir un clip de la plateforme en son, à charger dans le téléphone. La méthode serait employée par près de 49 % des 16-24 ans, selon la Fédération internationale de l'industrie phonographique (IFPI). Et si l'astuce demeure légale au regard du droit français sur la copie privée, elle a tendance à agacer les maisons de disques en coulisses.

Les éphémères Vine et Ask.fm

Pour les start-up, devenir un réseau social incontournable des adolescents n'est pas une mince affaire.

Pis, du jour au lendemain, leur plateforme peut être désertée au profit d'une autre. Le slogan « Il y a une application pour ça », créé par Apple pour vanter son iPhone, a eu l'effet escompté. Les ados ont parfaitement intégré la « logique de l'appli » qui consiste à télécharger d'un geste un programme sur son smartphone, et à l'effacer aussi vite dès qu'il devient lassant. En somme, le consumérisme appliqué au portable, dans un environnement perçu comme gratuit (les réseaux sociaux ne font pas payer leur installation, mais diffusent de la publicité).

Dernière victime en date : Vine. Lancé en 2013, ce réseau appartenant à Twitter permettait de partager des mini-vidéos de 6 secondes maximum, jouées en boucle. Un concept simple qui a séduit plus de 200 millions d'utilisateurs, dont un grand nombre de jeunes (les statistiques d'âge demeurent secrètes). Du moins jusqu'à son épuisement récent.

Après des polémiques sur la circulation de vidéos pornographiques et d'extraits de rencontres sportives protégées par des droits de diffusion très stricts, la plateforme a perdu ses utilisateurs les plus actifs. Plus de la moitié d'entre eux avait quitté Vine depuis l'an dernier, selon le cabinet Markerly, au profit de Snapchat et YouTube. Tant et si bien que son propriétaire Twitter a annoncé la fermeture de la plateforme.

Avant lui, Ask.fm n'a pas réussi à conserver son audience aussi adolescente que volatile. Perçu comme un réseau social underground, il permet de poser n'importe quelle question de manière anonyme à propos d'une personne nommée. Lancé en 2010 en Lettonie, Ask.fm a explosé deux ans plus tard, attirant 150 millions d'utilisateurs, dont 1,3 million de

Français, essentiellement des adolescents (plus de la moitié ont moins de 17 ans, d'après Médiamétrie). La majorité des questions et des messages de réponse relèvent du flirt plus ou moins déguisé, et du copinage. La plateforme est vite devenue l'antre des ragots, voire des insultes, suscités par l'anonymat.

Sauf que le site a été rattrapé par la réalité après le suicide de plusieurs adolescents harcelés. De quoi attirer l'attention des médias et des parents, qui ont décrié le réseau. Même le Premier ministre britannique de l'époque, David Cameron, avait alors appelé au boycott. Le soufflé Ask.fm est retombé, et les adolescents ont déserté. « Ask, je l'ai eu au collège, dit Antoine, 15 ans et vivant près de Lille. C'était marrant, mais maintenant ça n'a plus trop d'utilité. » Les Parisiennes et meilleures copines Lauren et Albane, 13 ans, disent s'être désinscrites l'an dernier : « Quand tu es sur Ask, dès que tu tapes ton nom dans Google, ça te renvoie sur ton profil et tout le monde peut lire ce qu'il se dit sur toi… Ça n'est pas bien du tout. »

Mais le cas le plus marquant reste celui de Peach. Sans grande originalité, la plateforme permet d'alimenter un profil avec des mini-messages, des photos, des GIF animés, des dessins, etc. Le tout se « *like* », se commente, la personne pouvant même être gratifiée d'un émoji spécial symbolisant un salut, un bisou, un gâteau, etc. En somme, un condensé de Facebook, Snapchat et Twitter. En quelques jours, Peach a séduit des milliers d'utilisateurs (aucun chiffre officiel n'a été donné), essentiellement des ados. Tous s'en sont emparés, avant de l'abandonner. Dix jours plus tard, les médias spécialisés, qui l'avaient qualifié d'incontournable, signaient son acte de décès.

Les outsiders Musical.ly et Kik

Les échecs ne dissuadent pas pour autant de nouvelles start-up de tenter de séduire un large public. C'est comme si un nouveau réseau social tentait de faire son nid tous les mois, la plupart ciblant les jeunes utilisateurs, toujours prisés des publicitaires. « YAMA ! », disent les Américains, pour « *Yet Another Messaging App* » (« encore une appli de messagerie »).

Dernier succès du moment : Musical.ly. L'application permet de se filmer en plein playback sur une des nombreuses chansons proposées. En somme, un karaoké social rappelant fortement l'ex-succès Dubsmash, qui permettait de se filmer en mimant les paroles d'un extrait de film, de série ou de musique.

Axé uniquement sur le karaoké depuis la mi-2014, Musical.ly compte plus de 100 millions d'utilisateurs (surtout des filles), dont la moitié d'adolescents qui s'amusent à imiter Beyoncé ou Rihanna. « Avant chaque vidéo, j'apprends la musique par cœur, et je le refais mille fois, explique Lilika, 10 ans. Et même si je sais pas ce que la chanson en anglais veut dire, je regarde les chorégraphies des autres, et je fais des gestes qui veulent dire la même chose. »

Le succès est tel que même Mark Zuckerberg, le cofondateur et P.-D.G. de Facebook, a dit trouver Musical.ly « particulièrement intéressante ». Sauf que son cofondateur et directeur, Alex Hoffman, a confirmé une baisse de régime ces derniers mois, et tenté de redresser la barre en lançant Live.ly, une déclinaison pour diffuser de la vidéo en direct, façon Periscope. C'est « une page blanche pour l'expression personnelle », vante Alex Hoffman au site Archy World News. Il ne reste plus qu'à convaincre les difficiles adolescents…

C'est aussi le défi de Kik, application de discussion instantanée qui ressemble à s'y méprendre à WhatsApp ou Messenger. Lancé en 2010 au Canada, Kik a commencé à cartonner particulièrement aux États-Unis en début d'année dernière, atteignant les 300 millions d'utilisateurs, dont 40 % d'adolescents. Et elle s'est exportée en France, se hissant dans le top 50 des réseaux sociaux les plus téléchargés, mais ne s'est pas (encore ?) imposée. « Je l'utilise surtout pour faire de nouvelles rencontres », glisse Camille, 18 ans.

Un tour sur les commentaires francophones confirme que les utilisateurs français se l'approprient comme une application de rencontres amoureuses. « Je m'ennuie fortement et j'ai envie de faire de nouvelles rencontres, donc ajoutez-moi », lâche publiquement Élodie, 15 ans. Mais elle n'est pas seule. Erwan, 17 ans, n'y va pas par quatre chemins : « Je cherche à parler avec des filles de n'importe quel sujet, tant que ça peut [déboucher] sur des plans cul. »

Sauf qu'avec un tel usage, les dérives ne tardent pas. L'an dernier, Nicole Madison Lovell, Américaine de 13 ans, aurait été kidnappée et tuée par deux étudiants de l'université voisine rencontrés sur Kik.

Avant elle, une Américaine de 15 ans avait été enlevée, violée et séquestrée par un homme rencontré sur la plateforme. « Kik, c'est l'appli à problèmes en ce moment », tranche un enquêteur américain au *New York Times*. De quoi écorner sa popularité et voir, ces derniers temps, l'appli stagner.

Et le téléphone dans tout ça ?

« Pour moi, tout passe par SMS, explique Mathis, 15 ans, en seconde dans un lycée de Serris, en banlieue parisienne. Les appels, c'est pour les vieux. » Les vieux ? Ses parents et ses grands-parents. Les premiers sont ceux qu'il appelle le plus, mais uniquement quand il finit plus tôt les cours et qu'ils doivent venir le chercher. Sinon, il est hors de question qu'il daigne décrocher quand ceux-ci l'appellent. En 2014, pour la première fois en France, le temps passé au téléphone diminuait. Alors que le taux d'équipement en portable des Français continuait de croître, les minutes passées au bout du fil diminuaient, passant de 241 milliards de minutes en 2013 à 236 milliards deux ans plus tard, relève l'Arcep, le gendarme des télécoms. En cause : encore et toujours les adolescents.

Une rare étude quantitative sur le sujet, portant sur de jeunes utilisateurs britanniques, confirme le changement d'usage : 20 % des communications des adultes empruntent le téléphone, contre 5 % pour les 12-15 ans ! Alors que leurs parents pouvaient passer des heures pendus au bout d'un fil qui traversait parfois toute la maisonnée, ils voient dans

« l'appel » un usage presque ringard, lui préférant les innombrables échanges relevant de l'écrit, depuis le SMS jusqu'à Messenger. Un snobisme à l'égard du coup de bigo qui a tendance à exaspérer les parents. « Il passe sa journée sur son portable, mais quand je l'appelle, il ne répond jamais ! », s'impatiente Zoé, 43 ans, mère d'un lycéen de 17 ans. Et il ne faut pas non plus compter sur l'idée que les ados écoutent les messages vocaux, c'est peine perdue.

Si bien que certains tentent de s'emparer des codes de leur progéniture, s'attelant à envoyer des SMS gorgés d'abréviations hasardeuses et d'émojis incohérents (comme ceux rapportés dans « Avec maman » d'Alban Orsini [1]). D'autres trouvent des parades. Comme Sharon Standifird, une Texane mère d'une large famille, qui a développé l'application « *Ignore no more* » (« Ne m'ignore plus »). Celle-ci va totalement bloquer le smartphone de l'ado tant qu'il ne décroche ou ne rappelle pas. « Plus de textos, plus d'Internet, plus de jeux… La seule chose que votre enfant pourra faire, c'est vous rappeler ou contacter la police en cas d'urgence », précise la créatrice américaine.

Mais tous ne honnissent pas les appels. Sophie, 15 ans, native d'Angers, dit même qu'elle « ne pourrait pas vivre » sans ses coups de fil quotidiens à sa meilleure amie, à sa cousine qui vit à Paris et à son petit copain. Soit entre vingt minutes et deux heures de discussions rituelles tous les soirs avant de se coucher.

Plus que le geste, c'est la démarche qui a perdu de son naturel. Surtout parce que réseaux et applis intègrent désormais quasiment tous une fonction

1. Alban Orsini, *Avec Maman*, Chiflet, 2013.

« appel ». « Maintenant, sur Messenger, il y a un service qui permet d'appeler les gens en vidéo, rappelle Suzanne, Parisienne de 16 ans. Pour nous, ça remplace le vrai téléphone. » Messenger, WhatsApp, mais aussi Viber, WeChat ou Line : la logique du coup de téléphone perdure donc, mais devient gratuite dès que le smartphone est connecté à Internet. Un point non négligeable pour les ados qui ne disposent pas d'un forfait « tout illimité ».

Le son et l'image

L'appel vocal est aussi progressivement remplacé par l'appel en vidéo. L'historique logiciel Skype s'intègre désormais directement au smartphone. Le téléphone tenu face à soi, on discute en direct (et gratuitement !) avec un interlocuteur parfois à l'autre bout du monde. C'est exactement ce qui plaît à Manon, 11 ans, vivant à Velaux : « Une de mes meilleures amies est partie vivre à Dubaï. Heureusement qu'avec Skype je peux continuer à discuter avec elle... »

L'appli, appartenant au géant Microsoft, n'est toutefois pas du goût de tous. Comme elle est utilisée aussi par les parents, voire les grands-parents, elle paraît vieillotte. « Jamais de Skype pour moi, lâche Sophie, 15 ans. C'est pour les vieux ! Ma mère l'utilise pour appeler mon oncle, mais ça plante tout le temps... », critique-t-elle. Les ados lui préfèrent FaceTime, une fonctionnalité similaire créée par Apple et intégrée aux iPhone. « C'est simple, nous on passe notre vie en FaceTime, confie Cléa, 13 ans, en quatrième à Paris. On n'a pas forcément quelque chose à se dire, mais avec ma copine Rose, on laisse FaceTime branché, on se parle, on fait nos trucs. » Une utilisation détournée qui souligne que la communication verbale n'a pas perdu de son poids, mais qu'elle se fait de préférence de manière gratuite, avec un son agrémenté d'images.

Quid de l'e-mail ?

On pourrait croire que l'e-mail (ou courrier électronique), par sa voie écrite et sa rapidité, plaît aux adolescents. Mais non. Une rare étude sur la question pointe que 35 % de la communication des adultes passe par l'e-mail, contre moins de 3 % pour les 12-15 ans ! « L'e-mail, ça ne me sert qu'à m'inscrire sur des sites de vêtements pour obtenir des réductions, tacle Sophie, d'Angers. C'est vraiment un truc de vieux. C'est beaucoup trop lent… » Depuis leur création en 1971, le nombre d'e-mails échangés quotidiennement ne cesse de croître. En 2017, pas moins de 225 300 milliards d'e-mails seront envoyés et reçus chaque jour dans le monde, affirme le groupe d'analyses Radicati. Mais parmi eux, plus de 70 % sont des messages indésirables (dits « spams »). Un flot incessant d'arnaques et publicités intempestives qui rebute les adolescents.

Pis, l'e-mail est associé à l'école. Le premier compte est souvent ouvert en cours, pour échanger de menues informations avec les professeurs. Le formalisme de la procédure, conjugué à la vision des messageries professionnelles des parents, finissent d'enterrer le message électronique. Un truc ringard au même rayon que le téléphone. « Quand j'étais petit, avec mes amis, on s'envoyait des e-mails et des lettres, raconte Enzo, 17 ans, en terminale ES. Puis, en sixième, j'ai ouvert un compte Facebook. C'est quand même beaucoup plus simple pour s'écrire… Maintenant, je n'utilise quasiment plus ma boîte mail. »

Vieillot, mais indispensable. L'e-mail demeure nécessaire aux ados, ne serait-ce que pour s'inscrire sur les réseaux sociaux. Si bien que tous les adolescents disposent d'un ou plusieurs comptes, essentiellement hébergés sur la plateforme Gmail de Google, utilisée par trois quarts des 13-17 ans, pointe le cabinet eMarketer. Mais il ne faut pas espérer les contacter dessus, ils ne consultent jamais les boîtes de réception.

Les déconnectés

Aussi rare qu'un lycéen des années 1980 sans sac à dos Eastpak, on retrouve aujourd'hui « le déconnecté par choix », l'ado qui refuse les réseaux sociaux. S'il possède bien un téléphone, il se contente d'un « vieux » portable qui ne se connecte pas à Internet (mais qui prend des photos !). Il rejette Facebook, Snapchat et consorts. « Je n'ai pas besoin des médias sociaux pour garder le contact », assure au *Wall Street Journal* Brian, 14 ans, qui envoie surtout des SMS.

La raison : se démarquer de la masse. Tous les ados souhaitent affirmer leur identité, et cela passe pour certains par le rejet de pratiques courantes chez leurs pairs. En somme des rebelles du smartphone. Le tout est aussi parfois alimenté par les craintes pour la vie privée.

« Je m'étais inscrit sur Facebook et les autres, mais j'ai tout supprimé, explique Joshua, 13 ans, vivant à Serris, en banlieue parisienne. Les géants derrière ces réseaux font du commerce de toutes mes informations personnelles, et ça ne me plaisait pas. C'est aussi pour ça que je surfe toujours en navigation privée [pour ne pas laisser de traces sur son navigateur web]. » Une protection drastique mais qui compte, quand on sait que 92 % des 8-17 ans utilisent leur véritable identité sur les réseaux sociaux, d'après une étude de la Commission nationale de l'informatique et des libertés (Cnil). Pierre, 12 ans, de Neuilly-sur-Seine, renchérit : « Au collège, quelqu'un est venu nous parler d'informatique et nous a expliqué qu'Instagram peut vendre nos photos. Certaines, représentant des gens couverts de boutons ont été vendues pour des pubs de produits anti-acné. J'ai tout enlevé et fermé mon compte. »

Reste que ces déconnectés sont quand même assez rares : moins de 5 % des adolescents n'auraient pas de comptes sur les réseaux sociaux. Et il ne s'agit pas toujours d'un choix, mais d'une règle édictée par les parents. Nathan, 14 ans, en troisième au collège Henri IV à Paris, n'avait droit d'installer aucun réseau social sur son iPhone jusqu'à cette année. « Mes parents ne voulaient pas, ils disaient qu'ils avaient peur que je partage de mauvaises photos... Mais, cette année, j'ai pu installer WhatsApp sur mon portable et Instagram sur le téléphone de ma mère », raconte-t-il, réjoui.

En parler (même si on n'y comprend rien)
Par Anne-Catherine Baseilhac, coach en développement personnel, spécialisée dans le coaching parental

« Les parents doivent bien prendre conscience des besoins de l'enfant, c'est-à-dire comprendre ce qu'il fait, ce qu'il recherche, ce qu'il aime sur cet espace numérique. J'incite régulièrement les parents à jouer aux jeux auxquels joue leur enfant pour partager un moment où il est valorisé dans ses compétences et où le parent peut sortir de ses préjugés.

S'agissant des réseaux sociaux en revanche, il ne faut pas s'immiscer dans leur utilisation. Il vaut mieux en parler, leur faire raconter ce qu'ils y trouvent, ce qu'ils vivent. Un père que j'ai rencontré a mis en place "une soirée pizza", tous les jeudis avec ses enfants, où chacun à son tour raconte ce qu'il a vu et ce qu'il a pensé des réseaux sociaux pendant la semaine. C'est un bon moyen de partager, dans un contexte détendu, et sans être intrusif. Cela crée le dialogue, nourrit l'échange. C'est un peu comme quand un parent demande à son enfant de 5 ans ce qu'il a fait de sa journée à l'école. »

Deuxième partie

« Qu'est-ce que tu as fait aujourd'hui ? »

Jamais sans mon portable. *Divines*, premier long-métrage de Houda Benyamina, caméra d'or au dernier Festival de Cannes, l'incarne avec une grande justesse. Dans le générique construit comme une Story Snapchat, on voit les deux héroïnes, Dounia et Maïmouna, passer leur vie ensemble et se balancer des Snaps continuellement. « Tu fais koi ? » quand l'une est dans la salle de prière, « Y s'passe koi ? » quand Dounia s'embrouille avec sa prof ou quand elle met le feu à la voiture de la mère d'un mec de la cité.

La même logique vaut pour tous les ados, à Paris, Angers, Lille ou Bordeaux. Jamais déconnectés de leurs potes.

Dans sa nouvelle émission *Quotidien*, baromètre d'actu et d'époque, l'animateur Yann Barthès a d'ailleurs rebaptisé le billet de ses deux humoristes la « Story d'Éric et Quentin », référence directe à Snapchat. Signe d'une époque où filles et garçons se racontent en images et en textes. Leurs gestes quotidiens, leurs émotions, les demandes de services, les blagues, les insultes, tout passe par le portable. En France, les 12-17 ans s'envoient 289 messages par semaine, selon l'étude la plus récente du Crédoc datant de 2014 qui ne comptabilise pas les échanges de messageries en ligne comme Snapchat et Messenger (pourtant le gros de leurs échanges). Bien loin des 110 messages par jour échangés par les Américains. Mais pas toujours pour s'échanger de vraies informations, davantage pour être en lien.

« Pour eux, le téléphone est beaucoup plus qu'un simple appareil physique. Ce qui prime, c'est la possibilité de se connecter aux autres », souligne Danah Boyd. La spécialiste des jeunes et des médias sociaux insiste sur le fait que leur portable n'est jamais éteint, pour ne jamais rompre la connexion avec les copains. Et la sociologue et enseignante Laurence Allard de compléter : « L'adolescent ne vit plus devant un écran mais avec un écran. Ce qui nous intéresse le plus, c'est donc ce temps pendant lequel il vit avec son portable. Quand les parents travaillent, ils ne peuvent être dans le contrôle. Ils reportent tout sur l'objet mais derrière c'est aussi toute une société qui s'interroge sur son organisation. » Et cela se vérifie du matin au soir.

La déferlante dès le réveil

Sa matinée est rythmée comme un clip. Il est 7 heures quand Héléna, Parisienne de 13 ans, émerge en regardant « Tibo » s'agiter sur l'écran de son portable. La vingtaine, bas de jogging fuselé et t-shirt moulant mettant en valeur ses gros biscoteaux, Tibo est un YouTubeur qui donne des cours de musculation sur sa chaîne « Tibo Inshape », affichant 2 millions d'abonnés au compteur. Mais attention, pas des cours façon Club Med Gym qui sentent trop fort la sueur, non la petite mise en scène décalée et bourrée d'humour comme savent les imaginer les YouTubeurs, avec du bon son, des jolies filles et filmé comme une vidéo de Rihanna. Dans « Sexy Fitness Motivation », il invite des copines Instagrameuses fitness à effectuer une série de pompes. Dans un autre épisode, scénarisé comme un feuilleton à l'eau de rose, il explique les joies de partager ce sport en couple, titillant l'haltère de manière fusionnelle. « Dès que je me lève et jusqu'à mon départ pour l'école, je regarde des vidéos marrantes, comme celles de Tibo, confie Héléna, une belle frimousse et un sacré bagout. La muscu en plus je m'en fiche mais, je ne sais pas, ça me donne la pêche le matin. »

Le sport le plus pratiqué chez les collégiens et les lycéens se fait au saut du lit et sans trop d'effort physique ou de compléments protéinés. Et ce sont le pouce et l'index qui travaillent frénétiquement. Les yeux encore mi-clos, ils se jettent sur leurs téléphones, le réactivent pour ceux qui, contraints ou consciencieux, l'avaient mis sur le mode avion, et relèvent les nouvelles notifications.

Là, c'est la déferlante. Les Snaps, messages Messenger et SMS, mentions Instagram et Twitter... Tout s'enchaîne dans une succession de « clings » agressifs. La dernière rumeur tombée sur Ask.fm « Askip tu kiffes Clara », les résultats du match de foot du soir, ou les blagues des petits copains qui ont veillé un peu plus tard, pas question d'arriver au bahut sans avoir passé en revue tous les fils. Toujours rester « connecté ».

Les notifications remplacent le facteur

Il faut dire que toute la maison est au diapason. Dès le saut du lit, les parents eux-mêmes ont jeté un œil sur un fil d'actualités pour voir les nouvelles du jour. Pas rare non plus qu'ils aient consulté par réflexe leurs propres comptes sur Facebook et Instagram. La lumière bleue des écrans achève de réveiller les derniers esprits endormis.

« Quand un soir j'interromps la conversation parce que je suis crevée, le lendemain matin je reprends le fil dès le réveil », explique Anaëlle, une lycéenne, cheveux longs, qui a retrouvé ses copines dans un parc parisien, un rituel après les cours. Un œil ouvert, elle fait défiler « les news » comme on pouvait attendre naguère le facteur porteur de la lettre du petit copain, devant le pavillon ou dans la cage d'escaliers.

Certains, pendant la nuit, ont réussi à garder leur téléphone près de l'oreiller. La grande excuse, c'est sa fonction « réveil ». Sur un groupe de cinq ou six amis, il y en a toujours deux ou trois qui parviennent à piéger leurs parents avec l'argument « je m'en sers comme réveil ». Les adultes récalcitrants ont tenu bon sans flancher, au besoin en réinvestissant dans un petit radioréveil basique. Les autres ne réalisent pas forcément qu'après l'alarme, ce sont les bips des notifications qui ambiancent les tympans.

Pendant la nuit, autant dire une éternité, les messages sont tombés les uns après les autres, et comme Sophie, 15 ans, d'Angers, « peu importe si j'ai cours ou pas, je passe 30 minutes dans le lit à regarder mes fils Instagram et Facebook ». Ils le reconnaissent bien volontiers, ce n'est pas facile de décrocher, « surtout si, comme l'explique Chloé, 16 ans, vivant près de Poitiers, on a pas mal de notifications. On a envie d'avoir la suite de la conversation, de voir la réponse ».

L'ami du petit déjeuner

Kassou est une jeune fille comme on en croise dans les quartiers : provoc' à mort mais attachante derrière sa carapace de rebelle. Élève de quatrième au collège Pasteur de Mantes-la-Jolie, elle non plus ne se sépare pas de son doudou numérique, un engin à l'écran complètement explosé. Et comme la plupart des appareils de ses pairs, elle souligne : « Mon téléphone représente toute ma vie. Je suis toujours dessus, parfois même jusqu'à 5 heures du mat. Je me réveille vers 6 heures, enfin c'est ma daronne qui me réveille pour la prière mais après je regarde tout, mes "J'aime", les Insta… »

Ouvrir les yeux, portable à la main, est devenu un réflexe. Et ça continue au petit-déjeuner. Mathias, 15 ans, de Vanves, en banlieue parisienne, est ce qu'on appelle un *gamer*. Pour lui, pas de céréales sans vidéos YouTube. « Ça me permet de passer le temps en déjeunant. » Le téléphone calé à l'horizontale, il enchaîne les vidéos de joueurs professionnels du jeu de tirs *Call of Duty*.

Dès les Chocapic, on fait souvent plusieurs choses à la fois. Alizée, 16 ans, lycéenne de Bayonne, regarde elle la télé ou discute avec ses parents, mais reconnaît « dans les deux cas, je suis sur mon téléphone en même temps ». D'autres préfèrent passer « en mode musical », c'est-à-dire accompagner le premier repas d'un interlude sonore, comme Victoria, Parisienne de 15 ans : « Ça m'aide à me réveiller. » Passer le temps, tuer l'ennui, sursollicités, ils ne supportent pas le moindre temps mort. Dès le matin.

Miroir mon beau miroir

On reconnaît qu'un enfant a muté en « adolescent » au temps qu'il passe à se préparer. Effet de mèche travaillé à la cire pour les garçons, un trait d'eye-liner pour les filles. Il ne traîne généralement pas à table, mais plus dans la salle de bains. Où, là encore, comme ses copains, c'est devenu un réflexe de faire plusieurs choses à la fois : « Quand je me prépare, confie Alizée, j'écoute de la musique. J'ouvre YouTube sur mon téléphone, et je lance du Rihanna ou Beyoncé. »

Julie, 15 ans, se prépare aussi tous les matins, en mode connecté. Car c'est bien tout le paradoxe de ces « millenials », cette génération née avec Internet et qu'on décrit comme narcissique. Ils s'observent et se photographient beaucoup mais surtout dans un objectif d'échange avec leurs pairs, se jaugeant et demandant conseils. Leurs mères s'appelaient avec le fixe trente ans plus tôt pour savoir comment s'habiller, Julie demande l'avis de ses copines le temps d'un MMS ou d'un Snap. Bottines à lacets, jean noir, t-shirt *tie and die*, il suffit d'une photo envoyée pour que le verdict tombe : « T'as un bon look mais ce qui ne va pas, c'est le pantalon. »

« Qu'est-ce que tu as fait aujourd'hui ? »

Même scénario dans les chambres de Lauren et Albane, deux Parisiennes super copines, petites puces filiformes, jeans slims, baskets. Le matin, le rituel du choix des tenues passe instinctivement par Face-Time : « On s'appelle pour savoir quel sac on prend, comment on s'habille. Ce matin par exemple, on voulait se mettre en jupe. On s'est bien mises d'accord car sinon ça peut donner l'impression qu'on fait nos filles. Ça peut être mal vu, les autres peuvent se moquer. On s'est aussi demandé ensemble si on prenait un gilet, mais non, vu qu'il fait super chaud. »

La fin des clivages sociologiques ?

Durant ces années collège, la pression du groupe est féroce. Alors que les élèves d'une classe de troisième d'un établissement de banlieue ont tous levé la main pour dire qu'ils possèdent un téléphone, une jeune fille vient à la fin de l'heure avouer qu'elle a menti. Qu'en fait elle n'a pas de portable à elle et qu'elle utilise celui de sa sœur.

Dans les beaux quartiers, c'est un autre genre de moule auquel il faut adhérer. Le téléphone fait partie de la panoplie : si tu es bien équipé, tu es quelqu'un de bien. Le *dress code* est établi par les populaires, ceux qui en imposent. Le jour de la rentrée, se souvient brusquement Lauren, c'était tout un événement : « On s'était appelé sur FaceTime avec Albane pour savoir quelle tenue mettre, pour savoir à quelle heure on se couchait. Le matin j'étais allée très tôt chez elle, pour choisir quelle coiffure et quel accessoire on mettait. Elle m'avait fait des tresses et j'avais choisi de porter un collier. »

Plus personne en revanche ne fait référence sur Instagram au « *outfit of the day* », soit la « tenue du jour » (aussi résumé par #ootd). En imitant les Américaines qui en sont folles, des fashion victimes y postaient tous les matins leurs meilleurs looks de la tête aux pieds. Boots, jean court et large ce qu'il faut, t-shirt blanc, les clichés pris le bras tendu coupent la tête pour ne garder que l'allure. Mais ça, c'était avant, maintenant c'est déjà ringard.

Des quartiers bourgeois du 17e arrondissement de Paris aux cités HLM de Mantes-la-Jolie, les ados ont presque tous les mêmes modèles, des iPhone, des Samsung, ou des petits téléphones comme le Nokia 3310. Les mêmes marques que l'on soit à Grenoble ou à La Réunion. Comme si cet objet avait aussi effacé les clivages sociologiques. Du moins en apparence. Car dans les cadres de ce qu'ils filment, dans les décors des vidéos, ou dans le choix des personnages qu'ils adulent, le terrain reprend ses droits.

C'est assez net sur YouTube où ils suivent ceux qui parlent de leur quotidien et leur ressemblent. Dans les beaux quartiers de Paris, on regarde Enjoy Phoenix et Danae MakeUp, YouTubeuses populaires pour leurs tutoriels de maquillage, très *girly*, très pulpeuses, très anglo-saxonnes dans l'inspiration. En cité, c'est plutôt « Beauty Glam Paris », où une jeune fille noire, qui aime soigner son look jusqu'à la moindre mèche, dispense ses tutos coiffure parce qu'elle est « une addict des cheveux ». Sa spécialité : les tests de perruques qui permettent en un clin d'œil de passer du bouclé au raide, du carré parfait à la crinière longue.

Un morceau pour la route

On a tous en tête les images de gamins avec leurs écouteurs qui partent à l'école. Ceux qui écoutaient les Velvet sur leur Walkman ont d'ailleurs les mêmes Stan Smith que ceux qui enfilent leurs oreillettes pour lancer leurs morceaux téléchargés. Balisé de portables, le chemin du bahut est plus que jamais un intermède musical. Certains circulent à pied, en transport en commun, en car ou en voiture, conduite par les parents.

Tous ne sont pas casqués, certains préfèrent rester au calme, mais nombreux en profitent pour écouter de la musique. « Le matin, j'en ai pour 45 minutes de bus, explique Bastien, un lycéen de première ES. Je me connecte vite fait pour voir les messages et j'écoute beaucoup de musique sur Spotify, pas mal de rap américain, ou des morceaux téléchargés. » Pour financer l'abonnement Spotify (9,99 euros par mois), on s'arrange entre frères et sœurs, comme ça, on divise la note.

(Presque) pas de portables au bahut

Au bahut, c'est une autre histoire. Quand on entre, on éteint, et on range.

L'arrivée des téléphones dans les établissements a pris tout le monde de court. Les textes du ministère de l'Éducation nationale font le distinguo en fonction des niveaux : en élémentaire et au collège, le portable est normalement totalement interdit, au lycée, seul le règlement intérieur s'applique. Et l'institution s'adapte empiriquement.

Les profs ont été les premiers témoins de l'envolée du taux d'équipements : « En quelques années, c'est passé de quelques appareils à 100 %, témoigne Sébastien, enseignant d'histoire-géo depuis quinze ans à Bussy-Saint-Georges. En seconde, il n'y a pas un élève sans smartphone. Le problème, c'est qu'ils sont sursollicités. » Ça complique encore un peu la vie quotidienne des enseignants et leur enfonce un peu plus la casquette police, ce qui ne leur plaît pas du tout. Une petite enquête du journal du lycée de Bussy a relevé que « les élèves reçoivent en moyenne 300 messages par jour, si on cumule tous les réseaux sociaux », précise le prof.

Une image a fait réfléchir Baptiste, prof d'histoire-géo à Saint-Denis : celle « d'élèves de seconde qui attendent encore en rang mais les oreillettes vissées dans les oreilles et le portable dans la poche. Certains les retirent d'eux-mêmes, mais souvent le petit jeu avant d'entrer en classe c'est de leur demander de les ranger ».

Anne enseigne les sciences naturelles depuis vingt ans au collège Pasteur de Mantes-la-Jolie, un établissement Rep+ (ex-Zep) : « Ils sont pratiquement tous équipés, y compris ceux dont les parents sont en grande difficulté financière. Le vrai tournant, ça a été le lancement des forfaits Free à 2 euros. La plupart de mes élèves ont ce genre de formule ! »

Et non seulement ils en ont tous mais ils le sortent de plus en plus souvent. « Ils l'ont de plus en plus en main, ils le prennent même pour regarder l'heure quand la fin de cours approche, au point que je me demande s'ils arrivent à la lire sur la grosse pendule de ma classe ! », déplore Anne.

Les selfies à la volée

Dans les faits, au bahut, il y a le cadre général : le portable est interdit. Et autant de déclinaisons que de règlements intérieurs, y compris au collège. Bien sûr, les profs ne doivent pas apercevoir de téléphones en classe, mais parfois on le tolère pendant la récréation, parfois on l'autorise dans la cour et les couloirs. Les arguments avancés laissent parfois à désirer : comme dans ce collège parisien où on ferme les yeux à la récré « car la cour est trop petite et ça évite que les enfants ne se fassent mal en courant dans tous les sens ». Ou ce lycée dont le proviseur s'est arrangé pour que le réseau Wi-Fi soit très puissant. Il ne donne pas ouvertement le mot de passe aux élèves, mais on comprend très vite que ces derniers s'arrangent avec les surveillants pour obtenir le sésame et se connecter sans limite, n'importe quand.

Au collège Pasteur de Mantes-la-Jolie, la règle est simple : on ne veut pas les voir. En classe, les sacs sont par terre et aucun appareil ne doit traîner sur la table. En revanche, un « temps portable » a été aménagé pour que les demi-pensionnaires puissent aller sur leurs écrans après la cantine.

Dans la cour, par contre, ils doivent ranger les téléphones. « Normalement, on n'a pas le droit, mais on fait quand même quelques selfies », avoue Sara, 12 ans. Globalement, l'équipe pédagogique est contente du résultat : « Maintenant, ils se reparlent, observe une CPE. Bien sûr, il y en a toujours qu'on attrape dans les toilettes en train de faire des selfies à gogo mais on leur fait la remarque et ils rangent. » Blandine, jeune enseignante en histoire-géo, se souvient d'une anecdote qui l'avait marquée : « Une élève ne prenait pas le cours car elle avait, disait-elle, oublié son cahier. Elle m'a dit : c'est pas grave madame, Amina va me l'envoyer en photo sur Snap ! »

Bips à tout-va

Pour éviter d'être complètement dépassé, chaque collègue a sa méthode : « Certains profs sont intraitables et vivent un enfer, constate une enseignante de lettres du lycée à Créteil. Moi je leur dis que je ne veux pas les voir et globalement ça se passe plutôt bien. » Il y a toujours un prof un peu acariâtre pour faire le topo décliniste sur cette époque qui fout le camp parce que les élèves ne savent plus écrire, qu'ils sont sur les écrans et qu'il n'y a rien à en tirer.

Les autres, plus raisonnables, soumettent la règle à l'épreuve des faits. Au départ, l'idée dans de nombreux bahuts était la suivante : tout portable repéré en classe était confisqué par l'enseignant, puis déposé chez le proviseur qui le remettait aux parents. Mais alors les « bips, bips » et vibrations dans les poches étaient exceptionnels. Évidemment, ce n'est plus le cas. Très vite, principaux et proviseurs ont été dépassés. Le plus souvent le prof confisque et le rend à la fin de l'heure. « Ce n'est pas si fréquent, tempère une prof de maths à Suresnes. L'an dernier, sur trente semaines de cours, j'ai dû en relever sept, la plupart rendus à la fin de l'heure. »

Surtout qu'étant donné leur rapport fusionnel au téléphone, toute confiscation résonne comme un drame. Les profs s'y résolvent quand ça dépasse les bornes. « Quand ça sonne en cours ou que comme l'autre jour j'entends parler Siri [l'assistant vocal de l'iPhone], je confisque », argumente Camille de Suresnes. Une de ses collègues de Champigny abonde : « En début d'année, on essaie de travailler le sevrage mais ce n'est pas facile. »

Certains bravent les interdits dans les couloirs en se cachant pour jouer aux jeux vidéo. « On est beaucoup sur *Clash Royale,* reconnaît Lina en cinquième à Neuilly-sur-Seine. Ça arrive que les surveillants nous voient mais ils ne nous mettent jamais de croix » (au bout de cinq croix, un avertissement !).

Et maintenant, les instituteurs de primaire commencent à se plaindre des mêmes faits.

Tromper l'ennui en cours

Quand on interroge les élèves, ils répondent que les portables sont dans leurs poches en mode vibreur, et que, parfois, certains les sortent pour prendre des photos, du cours ou du prof. Même en classe, l'ennui n'a plus sa place. « Dans les cours inintéressants, comme la techno et la musique, on met le téléphone dans la trousse et on se filme en accéléré, reconnaissent en chœur Maïa et Elena, 12 ans. En gym, c'est vraiment interdit mais il m'est déjà arrivé d'écouter de la musique quand on court au stade. »

On s'ennuie au petit déj' mais évidemment surtout en cours, donc on partage « JPP [je n'en peux plus] de ce cours de maths », publie sur Twitter Mathis, 15 ans en seconde dans un lycée de Seine-et-Marne. Il s'explique : « Certains enseignants, comme celui d'éco, ne surveillent rien du tout. Même pendant les contrôles, il lit son journal. Du coup tout le monde sort son portable. Quand je reçois quelque chose, je jette un œil discrètement. Après, tout dépend des profs, mais oui, on peut dire que je le regarde assez fréquemment. »

Chacun en prend pour son grade. Quentin, Parisien de 17 ans, n'épargne pas le prof de maths : « Je le sors surtout à ce cours-là, il est aveugle ! Et aux autres cours, quand ça s'éternise, j'écoute un peu de musique ou je joue aux jeux vidéo. Je ne me le suis fait confisquer qu'une fois, parce que je l'avais sorti pendant un contrôle. »

Le (rare) enseignement connecté

À la différence de ce qu'on peut observer en Suisse, peu d'enseignants français intègrent le téléphone comme outil pédagogique. Sur le site du ministère de l'Éducation nationale helvète, une charte numérique est édictée avec les possibles utilisations en cours (pêle-mêle : aide aux devoirs, éducation aux médias, prévention et sensibilisation aux conséquences des publications de photos et de vidéos).

En France, certains profs de langues vivantes demandent à leurs élèves de s'enregistrer à l'oral et d'envoyer la bande-son du test pour l'analyser en classe, comme c'est le cas au lycée du Vésinet. Le proviseur souligne que ça se passe plutôt bien : « Ça remplace le CD ou les cassettes, qu'on utilisait avec le manuel. Il faut préciser que sur les cinq modules d'évaluation de langues aujourd'hui, trois portent sur l'oral. Je pense que ces usages vont se développer car ce ne sont plus vraiment de simples portables mais des ordinateurs de poche. »

Certains enseignants d'histoire sollicitent aussi les élèves sur leurs portables pour faire une recherche ponctuelle de date sur Google. Ça arrive, mais ça reste rare. Même les profs de sport s'en tiennent à la consigne du portable au fond de la poche : « Au collège, ils n'en ont pas tous un, surtout dans les petites classes, sinon on pourrait s'en servir intelligemment. Pas mal d'applis, comme Runtest, se sont développées pour se filmer, retracer des parcours de course. Ça pourrait être un chouette outil, en supposant qu'ils se disciplinent et ne passent pas leur temps la tête baissée. »

Surtout que globalement les élèves s'avèrent demandeurs : 96 % des 6-12 ans disent qu'ils aimeraient pouvoir apprendre sur des supports numériques, comme la tablette tactile ou le smartphone, selon une étude Ipsos.

Tricher 2.0

Pour tricher, la bonne vieille antisèche sur un morceau de papier dépanne toujours, ou les formules de maths écrites en pattes de mouche sur le bâton de colle, mais le portable a révolutionné les techniques. Parmi ceux qui témoignent, peu reconnaissent l'avoir déjà fait. Mais avoir vu les copains tricher, ça, oui. « Ce sont surtout des garçons qui font ça, généralement des mauvais », balance Océane, en terminale S au lycée Rodin à Paris. Elle s'explique : « Moi je n'aime pas le faire, ça me stresse. » Les autres, eux, n'ont aucun scrupule : ils prennent leurs cours en photos et le consultent sur l'écran, caché dans la trousse. Ils tapent aussi l'énoncé du contrôle sur Internet en quête des corrigés.

Tricher a toujours nécessité méthode et dextérité. Suzanne, lycéenne à Jules Ferry à Paris, accepte de décrire comment ça se passe, avec cet air de ne pas y céder, classant les profs en deux catégories : « Il y a ceux qui, comme la prof d'anglais, bougent tout le temps, on les appellera les mobiles ; et ceux qui sont vraiment sédentaires, qui ne quittent pas leur fauteuil. En fonction, il faut adapter la technique. »

Principale technique donc : planquer le téléphone entre les cuisses et serrer brusquement les jambes quand le prof passe dans les rangs. Lucile, 17 ans, en terminale L à Meaux, a beaucoup expérimenté cette ruse pendant les DST de physique : « J'avais le portable entre les jambes et je cherchais des réponses sur Internet. »

D'autres plus aventureux enregistrent oralement le cours et se le repassent avec les écouteurs bien planqués. Agathe, 14 ans, élève modèle d'un collège parisien, décrit précisément la méthode des grugeurs : « Le portable est dans leur poche. Ils branchent les écouteurs qu'ils glissent dans leur manche et les font discrètement sortir dans la paume de la main. »

Julie confirme que ça se passe aussi comme ça dans son collège : « Certains écoutent aussi de la musique comme ça, les écouteurs dans les manches ou sous le t-shirt. C'est plus facile dans tous les cas pour les filles aux cheveux longs. Pour les garçons en hiver, il faut porter une écharpe. » Et comme on sait que le collégien est toujours crevé, il se tient la tête, écouteur en main, et se repasse le cours pendant l'interro. Un stratagème de plus en plus facilité par les écouteurs sans fil. Un cran en plus dans l'enfer de la veille anti-triche.

Les profs s'adaptent

Les enseignants ne sont pas tous dupes, loin s'en faut. Camille, 29 ans, prof au lycée de Suresnes, n'a jamais réussi à prendre un élève sur le fait mais a évidemment plusieurs fois eu de gros soupçons : « Quand on les voit fixer leurs jambes plutôt que le plafond, on se méfie. Mais ils sont très habiles pour cacher l'appareil sous les genoux ou dans la manche d'un pull. »

Il arrive aussi que les copieurs manquent de finesse, et optent pour du copier-coller au mot à mot : « Ça saute aux yeux, explique une prof de lettres de Champigny, le style n'est plus le même, l'orthographe est impeccable, je reconnais des passages entiers piochés sur le net. Notre seule chance, c'est que le réseau ne soit pas bon du tout. » Pour vérifier la supercherie, certains profs vont sur Google et y retrouvent des paragraphes entiers…

Évidemment, le prof qui a le malheur de faire la même interro à deux classes de quatrième à deux jours d'intervalle voit son contrôle envoyé directement sur Snapchat à la classe qui planche juste après. Un moyen de lui signifier qu'il l'a (presque) cherché.

Tout le monde s'adapte. Les plus touchés sont les profs de maths, car rien de plus simple que de retrouver formules et démonstrations, mais aussi de langues, avec les traducteurs automatiques. « On donne de moins en moins de grands devoirs maison (DM), car les élèves se contentent d'aller pomper sur Internet, déplore un prof d'histoire-géo de Bussy-Saint-Georges. Moi je prépare des questions vraiment tirées du cours. Je me déplace de plus en plus pendant l'évaluation et je vais me mettre au fond, j'ai un meilleur champ de vision. Mes collègues de maths ont carrément décidé de ne plus compter les exercices faits à la maison dans la moyenne, car les élèves vont sur Internet et retrouvent les énoncés et corrigés dans les annales. »

La cour redessinée

À l'heure de la récré, la cour marque les clans. Alors que les règlements se sont durcis sur les jeux de ballon et de cartes à collectionner, on se retrouve avec une topographie nouvelle, calquée sur les différents usages du téléphone quand il est autorisé. Agathe, 15 ans, griffonne le plan sur un morceau de papier : « À droite, il y a ceux qui squattent les bancs pour s'exciter sur les jeux vidéo. Près de la cantine, il y a d'autres geeks allongés cette fois, qui s'affalent sur un tapis de cartables jetés au sol. Et au milieu, il y a nous, en train de prendre des photos. »

À part les quelques malins qui ont subtilisé le code, personne n'a de Wi-Fi mais ce n'est pas grave, on accumule des photos entre amis qu'on mettra dans une story sur Snapchat le soir même. Au collège comme au lycée, c'est selfies à gogo, le bras tendu, la bouche en *duckface* (mimique imitant le « visage de canard »), la poitrine barrée de légendes #BG (pour « beau gosse ») ou #BFF (« *best friends forever* », « meilleurs amis pour la vie ») le tout ponctué d'une brochette d'émojis bisous et cœurs.

Le midi, à l'heure de la cantine, on rejette un œil sur les réseaux sociaux, tout en se faisant comme Maxime, 13 ans, une petite partie de *Clash Royale*.

La musique accompagne aussi les lycéens. Sur un banc, une petite enceinte Bluetooth, volume poussé à fond, en fait profiter tout le groupe. À deux dans un coin, deux écouteurs suffisent à deux potes pour hocher la tête en rythme.

Et quand il n'est pas sur YouTube à écouter des morceaux, Mathias, 15 ans, s'amuse à détourner l'appli de rencontres Tinder, en faisant défiler les photos postées « pour déconner un peu ». Et pour éventuellement trouver l'amour ? « Nan, pas vraiment… Il n'y a que des gens qui ont la vingtaine ! »

Finalement, un constat s'impose : les ados sont quasiment connectés en permanence, en particulier quand ils ont cours ! Preuve que le smartphone est devenu le centre de toutes les communications, le temps passé dessus en période scolaire est plus important que pendant les vacances d'été. Une étude menée par la start-up Xooloo constate que les 8-16 ans passent en période scolaire 21 minutes par jour sur les réseaux sociaux (contre 17 minutes pendant les vacances) et 14 minutes sur les messageries instantanées (contre 8 minutes).

Le retour à la maison

Dès la sonnerie, les ados quittent la classe et se retrouvent devant le bahut. En plus de leur sac à dos, les filles ont souvent la petite besace mini et, toujours, le téléphone à la main, porté comme un accessoire, le poignet un peu cassé. Des grappes d'élèves sortent, téléphone en main, regardent leurs notifications, ou se sautent au cou le bras levé en mode selfie.

À deux pas, à un arrêt de bus, quatre filles hilares sont assises sur le banc en plastique et se montrent des photos, elles ont toutes un téléphone à la main. Elles sont restées plusieurs heures sans s'en servir donc évidemment…

D'autres ont de la route pour rentrer chez eux, comme Mathis, 15 ans, qui habite à Serris, en Seine-et-Marne. Mais hors de question d'appeler les parents, « tout se passe par SMS. Les appels, c'est pour les grands-parents ! » Les parents, parlons-en, ils enragent de leur avoir mis un téléphone dans les mains pour qu'ensuite ils ne répondent jamais aux appels. Car c'est une réalité amusante, aucun ne décroche jamais. Avec ce message implicite : si tu veux me joindre, adopte mes codes.

« Qu'est-ce que tu as fait aujourd'hui ? »

Les profs doivent aussi digérer le lexique de leur langage codé, de même certains parents s'adaptent et se mettent à envoyer des Snaps ou à contacter leur progéniture sur WhatsApp. Mais la plupart se limitent au SMS transgénérationnel. Beaucoup attendent un SMS de fin de journée, pour donner les notes et les nouvelles.

YouTube pour le goûter

Le retour à la maison est à nouveau l'occasion d'un petit tour sur les réseaux. Surtout qu'il y a le sésame Wi-Fi ! Très souvent, les adolescents aiment s'octroyer une parenthèse en rentrant « pour profiter un peu avant les devoirs ». Pas rare que le goûter soit très connecté. Il y a désormais tellement mieux à faire que de regarder les mouches voler !

En croquant dans ses tartines de Nutella, l'ado guette sur YouTube quelques vidéos humoristiques, de beauté ou de jeux vidéo. Les parents envoient alors des injonctions contradictoires : « Tu ne traînes pas dehors en semaine », mais aussi « dedans tu ne restes pas le nez sur l'écran ». La seconde ne sera jamais respectée.

« Quand je rentre chez moi, je passe toujours environ 20 minutes à regarder des vidéos YouTube en prenant mon goûter, raconte Mathias, 13 ans, vivant à Vanves. Ça me permet de décompresser avant les devoirs. » Là où ses aînés regardaient la série *Friends* sur France 2, il préfère rire des sketchs de ses YouTubeurs préférés, Poisson Fécond et ses « 5 trucs à savoir sur l'amour, les milliardaires, l'homosexualité », et Doc Seven qui découpe ses vidéos en « 7 choses interdites en Corée du Nord », « 7 bugs informatiques catastrophiques » ou encore « 7 cas extrêmes de *gamers* accros ».

C'est effectivement dans l'après-cours que les *gamers* sortent du bois : « Tous les soirs, avant le dîner, de 18 heures à 19 heures, et après jusqu'à 21 heures, je joue à *War Thunder*, un jeu de simulation de chars et d'avions, confie Thomas, 15 ans. En même temps, je discute sur un tchat pour *gamers*, Team Speak, sur lequel on fait des blagues sur le jeu. »

Jessica, Parisienne de 13 ans, passe, elle, pas mal de temps sur Instagram. Elle est abonnée à de nombreux comptes de mannequins, Kylie et Kendall Jenner, les sœurs Kardashian, ou Cath-belle qu'elle « sui[t] car elle a de beaux cheveux ». Ou encore Mariyamelnyk, mannequin vidéaste à ses heures perdues, à qui elle a piqué l'idée d'un petit film très clipé *Walking into Summer*, où Jessica déambule en changeant de maillot dans des décors de plages cartes postales comme le fait son modèle. Un peu comme lorsque les petites filles dans les années 1970 mimaient les Clodettes de Claude François devant le miroir de la salle à manger, ou que celles des années 1990 rejouaient les chorégraphies des Spice Girls.

Dans les années 1980, les parents se lamentaient de voir leur progéniture rester allongée dans le salon, le nez collé aux feuilletons américains. Aujourd'hui encore, certains ados ont conservé le vieux réflexe, comme Lucile, 17 ans. Au retour des cours, elle « s'affale sur le canapé devant la télé ». Et repoussant tant qu'elle le peut le moment des devoirs, elle zappe. Le problème, c'est que l'après-cours est aussi le moment idéal pour monter toutes les photos prises pendant la journée et les mettre dans sa Story. Parfois, c'est un truc drôle à la télé qui lui donne l'idée d'envoyer un Snap. Drôle en langage ado ça donne ça : « L'autre jour passait un épisode des *Simpson*, j'ai fait des Snaps de Homer à ma meilleure amie. »

Mais le plus grand nombre le reconnaît : la télé, ils ne la regardent plus. Les chiffres parlent d'eux-mêmes : entre 2011 et 2015, le temps passé par les ados devant un téléviseur a chuté de 50 %. Une baisse inversement proportionnelle au temps passé à regarder des vidéos sur smartphone, par essence plus nomade. Ils suivent leurs séries directement sur Netflix, les émissions de téléréalité sur des applis, comme celle des « Anges de la téléréalité », jouent aux jeux vidéo, s'envoient des messages. Difficile dans la maison de passer inaperçu puisque chaque déplacement résonne d'un ding !

Sorties à distance

Quand le temps est clément, les citadins filent dans les parcs. C'est ce qu'ont fait Olivia, Victoria, Zoé et Faustine, qui se sont donné rendez-vous au parc Monceau à Paris, pour faire la surprise à Anaëlle, dont c'est l'anniversaire. On les remarque car, comme beaucoup de petits groupes assis dans l'herbe, elles se montrent leurs écrans. Copines dans le même collège du 18e arrondissement de Paris, elles sont aujourd'hui éclatées dans cinq lycées différents,

« mais on a un groupe WhatsApp, c'est très pratique. On a un groupe général sur lequel on se raconte tout et n'importe quoi et là, aujourd'hui par exemple, on en a créé un pour l'anniversaire-surprise. On en crée comme ça des éphémères, pour des événements ».

Cette sociabilité par petits groupes est le modèle que l'on rencontre le plus fréquemment. Des cercles très bien organisés qui se créent leurs propres outils de communication. « Quand les filles sortent et que je ne peux pas, je ne suis pas exclue car je suis ce qu'elles font sur les Stories », explique Victoria. Anaëlle confirme que ça atténue pas mal la frustration : « Je ne sais pas pourquoi, mes nouvelles potes de lycée sortent beaucoup le soir, font déjà des fêtes le week-end. Moi je ne peux pas y aller mais elles m'envoient des photos par Snap. »

L'après-cours, c'est aussi le moment de la moisson des ragots. Ça mitraille sur les réseaux, mais comme disent quatre copains de quatrième au collège Carnot de Paris : « Quand il y a un vrai scoop, par contre, on s'appelle. » Un scoop au collège c'est « qui sort avec qui ? » et « les embrouilles » : « Il y en a tout le temps surtout chez les filles, les jalousies… »

Contourner les devoirs

Avant, on s'enfermait dans sa chambre après les cours, dans son petit chez soi, cet espace clos et intime que Virginia Woolf dépeint dans *Une chambre à soi*. Cette chambre symbolisait l'intérieur, l'intime mais aussi l'enfermement par opposition à l'extérieur, souvent associé à la liberté, aux expériences. Avec le smartphone, la frontière entre le dedans et le dehors devient moins étanche. Pour Laurence Allard, sociologue, cette nouvelle « chambre interconnectée est un vrai symbole de la culture mobile. C'est d'ailleurs le décor-cadre de toutes les vidéos YouTube que les jeunes regardent : la mise en scène est généralement très minimaliste : la chambre, une table, quelques objets ou livres mis en évidence pour le thème du jour. Les YouTubeurs en font généralement une petite visite du propriétaire en introduction. »

On a envie de croire ceux qui, sérieux, assurent qu'ils n'arrivent pas à se concentrer et mettent le téléphone sur silence ou avion au moment des devoirs. C'est vrai que cette sollicitation permanente n'est pas propice à la concentration. Laura, en première ES à Grenoble, dit ne pas arriver à travailler après 21 heures. « Du coup, je mets le téléphone sur le mode lune et je le retourne pour ne pas être dérangée. Parfois, je suis tentée de le regarder mais c'est surtout quand j'ai du mal à commencer. » Cette déconnexion est parfois salutaire. Thomas, 17 ans, passe en terminale S à Perpignan. Il est interne dans un lycée sportif, option rugby. Son HTC Desire 820, acheté avec ses sous après avoir bossé l'été chez un agriculteur, il y tient mais, « en entraînement, on coupe vraiment. Ça fait du bien. Le portable reste dans le sac, au casier ».

La difficulté de couper

Plus nombreux sont les autres, dont les recherches et prises de notes sont ponctuées de « ting ting » ou de flashs lumineux qui remplacent le son, façon éclair en pleine tempête. Mode avion, silencieux, coupure du Wi-Fi… autant d'alternatives pour éviter d'appuyer une fois pour toutes sur « éteindre ». Les scientifiques ont formalisé cette idée de peur de la coupure, qui induit une grande difficulté à se concentrer par un acronyme : « FOMO » (pour « *fear of missing out* », « peur de rater quelque chose »). D'autres parlent de « nomophobie » (pour « *no mobile phobia* », l'angoisse d'être sans portable).

Une idée qui revient souvent dans la bouche des ados. Laura, 17 ans, dit ainsi « vivre trop mal » dès qu'elle se retrouve sans Wi-Fi. « Je me sens coupée du monde. Surtout parce que je suis en permanence connectée. Ça ne veut pas dire que je suis toujours dessus, mais je suis toujours en contact. Je dois être un peu accro… » En France, 78 % des moins de 25 ans se considèrent eux-mêmes comme accros à leur smartphone (contre 42 % pour l'ensemble des Français), c'est-à-dire incapables de passer une heure sans le consulter, ou énervés quand la batterie flanche ou la couverture réseau faiblit, relève un sondage Ifop de 2013.

Il n'y a quasiment jamais de véritables coupures, seulement « des micro-déconnexions » comme les définit Laurence Allard, des rares petits « moments sans ». « Ils ont pris l'habitude de faire ça par petites touches, de muter [enlever le son] les tweets, c'est déjà pour eux un signe de réflexivité, explique la chercheuse. Évidemment, quand ils rallument, c'est un vrai Jukebox. Ça sonne dans tous les sens. On ne souligne pas assez d'ailleurs le côté rassurant de cet univers sonore et visuel. »

« Qu'est-ce que tu as fait aujourd'hui ? »

Au quotidien, la vie s'organise en moments avec et sans Wi-Fi. La journée, ils sont là à se demander « t'as de la 3G toi ? » quand ils veulent se connecter. Ce qui est drôle c'est leur absence totale d'objectivité sur l'intensité de leur utilisation. À la question, pourrais-tu t'en passer, Emma, 13 ans, répond, sûre d'elle : « Moi, je ne suis pas accro, si on me l'enlève pendant un jour, je tiens sans problème. »

Antoine, 15 ans, a dû subir une expérience de sevrage forcée. Il la raconte comme une immobilisation après une jambe cassée : « C'était l'apéro. J'utilisais beaucoup mon téléphone, puis je l'ai posé, et quand je l'ai repris j'ai tenté de faire mon code mais ça n'a pas marché. Normalement, l'iPhone se bloque 5 minutes, mais le mien a bugué et s'est littéralement bloqué 25 ans ! Un compteur me disait que je devais patienter 24 ans, 11 mois, 30 jours, 23 heures avant de pouvoir l'utiliser… J'ai essayé de l'éteindre et de le rallumer, rien ne marchait. Au magasin, ils m'ont dit de faire changer l'écran et de tout réinstaller. Du coup, ça fait une semaine que je n'ai plus de portable. » Il a donc dû s'habituer à vivre sans : « Au début, c'était horrible. J'avais toujours le réflexe de vérifier s'il était toujours dans ma poche. Aussi, dès que je m'ennuie, je l'utilise. Je m'en sers quasiment tout le temps. Là, c'est dur. Mais au bout de quelques jours, je me suis habitué. Deux fois par jour, je vais sur l'ordinateur consulter les messages reçus et je réponds. Ça m'embête de ne pas pouvoir l'utiliser tout le temps comme avant, surtout que je dois régler une histoire de moto et en voiture je ne peux pas écouter de musique. Du coup, je m'ennuie… »

« Susciter le dialogue »
Anne-Catherine Baseilhac,
coach en développement personnel, spécialisée dans le coaching parental

« La sensibilisation fait évidemment partie du rôle des parents. Il ne faut pas lâcher son enfant sans le prévenir des risques. C'est vrai dans la rue comme sur Internet. Il faut l'accompagner et être vigilant, pour qu'il sache comment réagir quand un problème apparaîtra. Mais aussi pour qu'il se sente libre de pouvoir en parler à ses parents. Ces derniers doivent alors susciter le dialogue, le questionner avec tact. Le plus grave serait de ne pas en parler. Les parents doivent tenter de détecter ça. C'est tout le but de la relation parent-enfant, de ce lien qu'il faut maintenir. En parler, être ouvert, tendre des perches, évoquer des cas concrets… Les parents ne doivent pas se priver d'aborder tous les sujets. Quand les parents ont des difficultés avec l'éducation de leurs enfants, la question du portable revient systématiquement. Certains tombent dans la punition systématique, ou dans le contrôle à l'excès, quitte à être intrusifs, d'autres sont au contraire très permissifs et se désintéressent. Les adolescents ont besoin d'un cadre qui s'avère rassurant pour eux et dont les parents sont les garants. À eux de faire évoluer ce cadre et ces limites avec le temps et la maturité. »

L'entraide connectée

Pour se mettre (enfin !) au boulot, ils ont tous leurs petits rituels. Emma, 13 ans, a son petit morceau qu'elle adore d'Overwerk, *Daybreak* : « Au moins, il n'y a aucune parole, car sinon, je me lève, les bras en l'air, je saute, je chante, impossible de me concentrer. » Une de ses meilleures copines a bien du mal à décoller son nez de sa série préférée qu'elle met en fond sonore : « *Jane The Virgin*, je suis complètement fan. Mais aussi des trucs plus hard, comme *Walking Dead*, mais je suis tellement prise par l'histoire que souvent, j'écris deux lignes d'exercice et je veux savoir la suite. »

Dans son collège, Lauren et Albane passent leur temps à se parler sur FaceTime, vont remettre ça le soir et en général « on fait nos devoirs ensemble. On laisse l'appli allumée, comme ça, on se tient compagnie ».

Partager, s'entraider, ils savent faire. Lauren et Albane par exemple suivent un cours de mandarin en classe bilingue, ce qui rajoute une bonne quantité de travail. Mais pour un ado, tout problème a sa solution. « Quand on a trop de devoirs, on se partage le travail, clame Albane. L'une fait le chinois, et l'autre les maths et on s'envoie les réponses. Généralement, dans les groupes, les résultats des exercices, tout le monde se les envoie. » Au point que les profs, absolument pas aveugles sur tous ces arrangements, limitent au maximum les devoirs à la maison.

Mais le détournement positif du portable en outil de travail fonctionne aussi. Il ne sert pas seulement à demander à 23 heures la réponse de l'exercice sur lequel on sèche depuis une demi-heure. Au collège, les groupes Messenger sont d'abord créés dans un esprit « boulot ». D'un clic s'échangent les devoirs mal notés en cours, comme on apportait autrefois les leçons à un camarade malade. Ou même, on partage les explications autour d'un problème, comme on expliquerait un cours à son pote à la bibliothèque.

À Paris, leurs aînés attendaient le week-end dans le froid l'ouverture du Centre Georges-Pompidou, eux font tout depuis leur chambre. Sans évoquer ces temps préhistoriques où, dans les petites classes, le devoir de groupe se transformait en atelier découpage avec images pour illustrer le règne de Louis XIV ou la Révolution.

Des devoirs aux commérages

« Pour les exposés, c'est super pratique, confirme Lucile, en terminale L au lycée Jean Vilar de Meaux. On crée un groupe, on élabore le plan, on se répartit les paragraphes. Ensuite, on envoie les blocs rédigés, on copie-colle et il y en a un qui se dévoue pour la mise en pages. » Enzo, en terminale ES à Paris, se sert beaucoup de Messenger pour communiquer. Notamment sur le groupe de classe : « On se donne les cours et les devoirs, mais aussi les DM. Moi, je partage très souvent ce que j'ai fait. Dès que quelqu'un me le demande, j'envoie une photo de mon devoir au groupe. Ça m'arrive aussi parfois de copier le devoir d'un autre. Il faut le faire intelligemment, en changeant les réponses, en mettant exprès quelques erreurs. Aucun prof ne nous a jamais grillés. »

Très fournis au début de l'année, ces groupes de classes sont toutefois détournés au fil des mois par les moins sérieux du groupe. Parfois, ça vire même au mini tribunal populaire. « Au bout d'un moment, ça sert surtout à balancer des dossiers sur les gens, déplore Laura, en terminale ES à Grenoble, à raconter des commérages, à se moquer, et souvent des mêmes personnes. » Le plus souvent, « c'est pour rigoler, mais ça peut devenir insultant et il n'est pas rare que les amis de celui ou celle qui est agressé(e) prennent alors sa défense ».

Enzo, 17 ans, confirme : « Évidemment qu'on parle aussi un peu des profs et des surveillants. Il n'y a pas longtemps, un surveillant que l'on n'aime pas trop a publié sur son Instagram une photo de lui sans pantalon. La photo a beaucoup tourné… Après, c'est souvent gentil, avec de l'humour. Par exemple, il n'y a pas longtemps, j'ai trouvé le sosie d'un prof dans *Toy Story*, j'ai partagé la photo. »

Margaux, Bordelaise de 16 ans, renchérit : « En septembre, le groupe sert aux devoirs, mais à partir d'octobre et jusqu'à la fin de l'année, c'est plus pour organiser des soirées. »

La soirée, le temps de l'enquête

La plus grande hantise des profs, c'est de retrouver sur Internet des images d'eux volées en cours. Que les gamins postent le soir, lors d'une pause devoirs. Des photos prises pendant la journée quand les profs ont le dos tourné, ou pire des vidéos assorties de commentaires détestables. Ce n'est heureusement pas si fréquent mais ça reste une angoisse. Camille, enseignante à Suresnes, explique qu'ils ont appris à se protéger : « Les profs en général font tout pour ne pas apparaître en ligne. Mieux vaut être un anonyme dans la masse des réseaux sociaux. »

« Sur Facebook, je suis cachée derrière un pseudo, pointe Sonia, 30 ans, prof de français en collège à Lyon. À un moment, j'avais créé un second compte pour mes élèves de troisième. Parfois, on discutait comme ça. Mais, à la fin de l'année, il y en a un qui m'a envoyé une vidéo de lui et ses quatre copains en train de monter sur le toit de l'établissement. Je me suis sentie bête et j'ai réalisé que je préférais ne pas savoir ce qu'ils font. On a beau dire, on a envie de se faire aimer de nos élèves, et d'être proches d'eux d'une façon ou d'une autre. Facebook, c'est tentant pour pouvoir se montrer sous un autre jour que seulement prof. »

La plupart des enseignants ont bien des comptes Facebook ou Twitter, mais ils s'arrangent pour se cacher des recherches des élèves, par exemple en remplaçant leur nom par leurs initiales. C'est le cas de Virginie, prof d'histoire-géo au collège Henri Sellier de Suresnes : « J'ai un compte Twitter pour mon activité de chercheuse sur lequel parfois je lance quelques clins d'œil à des points vus en cours, et un compte Facebook personnel désigné par mes initiales. » Laure, prof de lettres au lycée Léon Blum de Créteil, a elle aussi pris soin de bien compartimenter les choses : « J'ai un groupe Facebook pour mon cours de théâtre, mais mon profil perso est fermé et bien barricadé. J'en avais d'abord créé un ouvert, mais lorsque d'anciens élèves ont commencé à me féliciter pour mon mariage, je me suis dit qu'il y avait quelque chose qui ne tournait pas rond. »

Conseil aux parents :
Twitter est un espace public

Politiques, sportifs, people et journalistes en usent et en abusent. Twitter s'est imposé comme le réseau social de l'instantanéité. Sauf qu'il a la particularité d'être totalement public. Ce que certains ados tendent parfois à oublier. Plus ou moins dissimulés derrière des pseudonymes, ils peuvent se laisser aller à transformer l'espace en défouloir. Mais la diffusion publique de rumeurs, moqueries, voire insultes, n'est pas sans conséquences et passible de poursuites judiciaires.

L'heure du *stalk*

Tous unanimement précisent d'ailleurs qu'ils refusent systématiquement les demandes « en ami » de ceux qui parviennent à les retrouver. Car pour tuer l'ennui, les ados font des enquêtes, « se stalkent » (espionner quelqu'un) en cherchant des infos les uns sur les autres. On remonte des années en arrière sur le profil Facebook du nouveau de la classe, sur les publications Instagram de la jolie copine d'une copine, etc. Et quand l'inspection des pairs est terminée, place aux coups d'œil familiaux. Franck,

47 ans et père de deux filles de 11 et 14 ans, raconte : « Ça faisait deux ans que j'étais séparé de leur mère, et je venais de rencontrer quelqu'un. Un soir, à table, je leur ai annoncé, et elles m'ont répondu tout de suite : “Ben, on savait, on l'a vu dans ton portable.” »

Les ados fouinent, s'épient, mais surtout mènent de véritables enquêtes en ligne. Et leurs cibles préférées sont peut-être les profs. Même si elle n'est pas familière de l'expression, Sophie, 15 ans, dit bien aimer, en fin de journée, fouiller sur les réseaux sociaux. « C'est comme ça que j'ai découvert que notre prof de musique était fan de hard rock ! »

Mais c'est sans compter sur les profs curieux qui retournent la situation en se mettant à rechercher leurs élèves sur les réseaux sociaux. « J'ai trouvé un de mes élèves sur Twitter et je me suis aperçu qu'il tweetait pendant mon cours… Les tweets ne mentent jamais », constate Alex, un jeune enseignant. Sonia, prof de français à Lyon, confirme qu'il lui arrive de stalker ses élèves : « En début d'année, je fais le tour des réseaux sociaux de mes élèves, pas pour les espionner, mais pour voir les affinités afin de faire le plan de classe. »

Au passage, elle « découvre une autre facette d'eux », même si la plupart du temps « ils cachent plutôt bien leurs informations personnelles ». Sur leurs profils, elle déniche essentiellement des photos d'eux enfants, des ados d'habitude effacés qui prennent la pose, et beaucoup de selfies légendés par des phrases philosophiques, surplombant des « je t'm », « t'es trop belle » et autres « beau gosse ». « Cette année, j'ai trouvé 16 élèves sur une classe de 19 à partir d'un seul profil, en regardant les commentaires et les

"J'aime", souligne-t-elle. C'est un bon moyen de répondre à l'excuse "je n'ai pas Internet chez moi". »

Certains enseignants s'en servent comme porte d'entrée pour aborder la protection de la vie privée sur les réseaux sociaux. Ils y consacrent de plus en plus d'échanges pédagogiques, dans le cours d'enseignement moral et civique, mais aussi en sciences naturelles. « On s'y arrête de plus en plus, reconnaît une prof d'histoire-géo de Suresnes, surtout avec les classes de cinquième, puisque les élèves ont en général 13 ans et que c'est l'âge où ils ouvrent un compte Facebook. »

Crainte pour la vie privée

Ce qui inquiète ces adultes, c'est la désinhibition complète de certains élèves sur les réseaux. Christian, 27 ans, est un jeune prof de français qui chaque jour, sur Facebook, tient le journal de bord de son quotidien en classe.

Son profil est complètement privé et aucun élève ne voit ce qu'il écrit, avec une plume littéraire et bienveillante sur ces petites histoires du quotidien. Les écrits de ce dernier montrent pourtant qu'il aime jouer d'une complicité sur cette culture numérique commune. Dans son journal, il relate une scène où des élèves l'interpellent pour vérifier qu'il connaît bien le nom des Pokémons les plus rares. Il les épate en répondant juste, ce qui inspire à un de ses élèves, Kamel, la formule suivante : « Calé le mec ! »

Pourtant, lorsqu'on l'interroge, il se révèle extrêmement dur et critique sur l'utilisation que ses élèves font du téléphone : « Ils ne sont absolument pas conscients de ce qu'ils partagent. Certains par exemple publient des photos volées de prof et se demandent comment on a pu tomber dessus. Ils n'ont pas la moindre idée de ce que signifie le droit à l'oubli et se mordront les doigts demain de ce qu'ils publient aujourd'hui. »

Tous ne sont pas aussi négligents. Toutefois, une étude pointe [1] que 27 % des ados entre 11 et 18 ans confessent « publier des contenus sans se poser de question ». Et plus de trois quarts des filles de 15 à 18 ans (et 64 % des filles de 11 à 14 ans) utilisent leur vrai nom sur les réseaux sociaux. L'étude d'ailleurs met en avant une sensibilisation plus forte chez les garçons, qui publient moins, mentent plus souvent sur leur âge, et utilisent plus volontiers des logiciels anti-publicité et anti-espion.

Il faut éduquer à protéger sa vie privée

Par Isabelle Falque-Pierrotin,
présidente de la Cnil (Commission nationale de l'informatique et des libertés)

« Le téléphone est l'objet avec lequel les adolescents passent le plus de temps. Et, comme les parents ne laissent pas leur enfant de 5 ans se promener seul dans la rue, ils doivent lui donner les clés pour maîtriser cet univers

1. Étude réalisée par l'association Génération Numérique, mai 2016 : https ://www.educnum.fr/les-11-18-ans-et-la-protection-de-leurs-donnees-personnelles.

connecté. L'autorité parentale doit se repositionner sur les problématiques numériques, pour que ce monde en ligne ne se retourne pas contre l'ado.

L'éducation doit être réinterprétée, mais ses fondamentaux ne doivent pas changer : il faut enseigner le respect de l'autre, la dignité humaine, etc. La principale idée est que l'enfant doit réfléchir avant de publier en ligne, aussi bien sur sa responsabilité dans une publication que dans les conséquences potentielles futures. Une photo partagée dans la fièvre d'une soirée n'a rien à voir avec le Polaroid pris il y a vingt ans, désormais l'image s'expose au-delà de la sphère des copains et a une durée de vie beaucoup plus longue. Rechercher les traces anciennes de quelqu'un avec Google est devenu particulièrement commun avant une embauche ou même avant un dîner. Les adolescents doivent en avoir conscience. »

> Pour accompagner les parents et les enseignants, la Cnil délivre des conseils sur le site EducNum.fr

Au dîner, c'est pause

Les heures de pointe se sont décalées. Les deux parents travaillent et finissent assez tard. Le traditionnel dîner de famille assis tous ensemble en fait parfois les frais. « Mon père est un peu vieux jeu, mais il en était arrivé à me dire : “Non je ne veux plus venir dîner chez toi, vous êtes tous le nez sur vos écrans", raconte une maman de trois enfants. Ça m'a fait réfléchir. Maintenant on les pose tous les cinq, je me surprends même à chercher le mien dans l'appart car je ne sais plus où je l'ai mis. »

Toutefois, les parents, quand ils se disciplinent eux-mêmes à abandonner leurs appareils, veillent à ce que ceux des enfants ne s'invitent pas à table. « Quand on dîne, confirme Bastien, 16 ans, on pose tous nos téléphones pour manger ensemble, sans rien, pour prendre le temps de discuter. » Une déconnexion façon rituel d'autrefois, et qui se poursuit après le dîner. « Après, on s'installe devant la télé avec mon frère et mes parents, mais parfois on reprend nos portables. Puis je me couche vers 22 heures, parfois un peu plus tard. »

Conseil aux parents :
Pas de téléphone à table

Si la cuisine française a fait son entrée au patrimoine de l'Unesco, c'est pour mieux souligner l'importance des repas dans la culture française. Et si on ne lisait pas à table, on n'y invite pas non plus son téléphone à gauche de la fourchette. Le temps du dîner en famille est l'occasion rêvée pour ouvrir une discussion avec ses enfants, installer un vrai échange. Aussi, avant le passage à table, tous les portables sont déposés dans un endroit assez éloigné. Ça vaut aussi pour les parents !

Une soirée si bien remplie

Des devoirs au coucher, le temps s'est considérablement étalé. Alors que leurs parents avaient à peine le temps et le droit de regarder le début d'un film, ils passent des séries aux vidéos YouTube, en écoutant de la musique. Le tout sans jamais rompre le fil de communication avec les potes.

Thomas, geek autoproclamé, en seconde à Paris, arrive à écouter la radio, lire un peu, regarder Instagram. Et juste avant de s'endormir vers 22-23 heures, il revient à sa passion : « La dernière chose que je fais, tous les soirs, c'est d'écouter ma chanson favorite du moment. En ce moment c'est un morceau tiré du jeu vidéo *Metal Gear Solid V.* » Focus jusqu'au bout.

Faire rimer soirée et le jeu *Call of Duty*, c'est aussi la petite musique de Mathias de Vanves : « Je joue, mais uniquement si mes potes sont connectés. » Un casque avec micro vissé sur la tête, il échange des indications en langage sibyllin tout en pianotant sur la manette. Les parties sont entrecoupées de digressions sur les ragots de la journée au collège Michelet, et d'apartés sur « les filles ».

Certains sont assez lucides sur le fait que cet écran multifonction a porté un sérieux coup au rituel de la lecture du soir. « Avant d'avoir un portable, je dévorais des livres, reconnaît Chloé, en première à Montmorillon. Depuis que j'en ai un, j'envoie des SMS jusqu'à pas d'heure… avant de regarder les réseaux sociaux juste avant de m'endormir. »

Le week-end et les fêtes dans tout ça ?

On se souvient de la frustration que l'on a pu ressentir, quand à leur âge on était privé de fête. Aujourd'hui, dès le primaire, tous les petits ont des carnets de bal chargés comme des agendas de ministre. Tout un marché s'est d'ailleurs structuré autour de ces fêtes d'anniversaire, de la location de magiciens pour les plus petits aux produits dérivés et de déco des plus sophistiqués.

Au collège, la boum est devenue « la fête » ou « la soirée », tout simplement. On la prépare en créant un groupe WhatsApp, pour le cadeau, les modalités de rendez-vous, les tenues… Et il y en a toujours qui loupent ça. Maudits soient les parents propriétaires de résidences secondaires, qui forcent leurs gamins à les accompagner. Ceux d'Elsa, en première à Paris, font, hélas pour elle, partie de cette tribu. Elle va presque tous les week-ends à Bouzy, dans la région du Grand Est, et voit défiler sur Snapchat toutes les photos de « soirées trop bien » qu'elle a loupées, et « ça, c'est vraiment dur ! »

Chaque fête est l'occasion d'un album photos, qui alimente une Story sur Snapchat, une publication léchée sur Instagram, et certaines « photos-dossiers » sont archivées. Dans les quartiers, les jeunes filles ont souvent interdiction de sortir. Une Story hilarante d'Oumou montre qu'elle prend les choses avec humour. On y voit d'abord une image du sol de sa chambre, recouvert de palettes de maquillage et le texte « J'vais me préparer ». Elle devait aller dîner avec des copines au « Tacos », mais elles ont annulé. Donc bandeau de texte avec émojis : « Les meufs qui se maquillent le samedi soir pour après regarder les Simpson, c'est nous », dit-elle avec trois têtes rondes jaunes qui pleurent de rire.

Mise en veille plutôt qu'extinction

Psys et coachs parentaux sont unanimes : les moments de déconnexion font du bien. Mais surtout, il convient de donner une heure de couvre-feu à ses ados. Encore plus depuis la démocratisation du portable. Les enfants le reconnaissent eux-mêmes, il est très difficile de couper le soir. « Je me force à l'éteindre, témoigne Julie, 15 ans. Je suis super tentée, mais bon, j'ai besoin de sommeil. Je me couche vers 22 heures et je me lève à 6 h 30 ! » Mais la tentation est grande. « Avant de m'endormir, je fais toujours un tour plus ou moins long sur les réseaux sociaux, pour remonter les fils d'actu », admet Louisiane, 16 ans. Même constat pour Sophie, 15 ans, qui termine toujours par une tournée de Facebook, Instagram et Snapchat : « Avant de m'endormir, il faut toujours que je vérifie pour ne pas rater quelque chose d'intéressant. »

La bascule semble avoir lieu au milieu du collège. Comme principale activité d'après-dîner, 60 % des élèves de CM1 citent d'abord la lecture. Mais, à partir de la quatrième, celle-ci ne concerne plus que 45 % des ados, dépassée par le visionnage de vidéos (47 %) et le tour sur les réseaux sociaux (50 %). Si bien que désormais plus de deux tiers des quatrièmes confessent regarder un écran juste avant de s'endormir, selon une enquête Opinion Way. Au total, 55 %

des collégiens passent plus de 30 minutes sur écran dans leur lit chaque soir, tandis qu'en parallèle 45 % des 8-13 ans rapportent avoir mal aux yeux à force de regarder des écrans le soir.

Le sommeil affecté

Le phénomène concerne tous les ados. Même les enfants modèles concluent leur journée en guettant les dernières informations partagées. Avant de mettre en pratique les messages de prévention, comme Laura, 17 ans : « Après avoir jeté un œil aux réseaux sociaux, je coupe le son, et je le pose sur ma table de nuit le plus loin possible de ma tête. » Ou encore Anna, 16 ans, qui met « le téléphone en mode avion vers minuit, pour ne pas être dérangée ». En revanche, d'autres peuvent, comme Louisiane, « passer toute la nuit à tchatter », jusqu'à tomber de sommeil et « s'endormir sans le vouloir la tête sur le téléphone ». Au total, 42 % des filles et 38 % des garçons entre 15 et 18 ans admettent qu'il leur arrive de rester éveillés durant la nuit pour continuer d'utiliser les réseaux sociaux, d'après une étude de l'association Génération numérique. Les 11-14 ans sont plus sages puisque, en moyenne, « seuls » 24 % des filles et 23 % des garçons restent éveillés.

Le psychiatre Stéphane Clerget le rappelle : « Les plus gros dégâts concernent le sommeil. Les adolescents dorment beaucoup moins bien qu'avant. Et même si certains parents s'efforcent d'être vigilants le soir et vérifient que le portable est bien éteint ou dans un vide-poches à l'entrée, beaucoup de gamins le gardent précieusement à côté de leur oreiller. Ce rapport obsessionnel engendre une forme de stress, une hypervigilance auto-entretenue. » Si bien que Sylvie Royant-Parola, médecin et psychiatre spécialiste du sommeil et présidente du Réseau Morphée, établit un lien clair entre écrans et recul de sommeil chez les ados. « Ils sont de plus en plus nombreux devant un écran avant de s'endormir, pour jouer, regarder des vidéos, envoyer des messages, aller sur les réseaux sociaux... », constate-t-elle. Avant de rappeler que 30 % des élèves de quatrième s'endorment en semaine après 23 heures, et que 15 % des 8-13 ans affirment mettre plus d'une heure à s'endormir.

Conseil aux parents :
Couper le téléphone à 22 heures

C'est le point de consensus des psys et des études : le portable nuit à la qualité du sommeil. Le nombre d'heures de repos diminue, l'endormissement est plus difficile, le sommeil plus léger. Donc, non, le téléphone ne doit pas remplacer le livre avant de se coucher, et ce n'est pas passer pour un ringard que de dire ça ! Comme les ados avouent avoir du mal à décrocher par eux-mêmes le soir, il est indispensable de mettre en place des couvre-feux, qui évolueront avec l'âge. Pour rappel, les spécialistes recommandent en moyenne neuf heures de sommeil par nuit.

Conséquences du mauvais repos

Jessica, une petite brunette filiforme de quatrième, avoue l'air grave et sérieux qu'elle a un vrai problème pour s'endormir. Elle a adapté le bon vieux dicton « prends un livre, tu vas voir ça va t'aider à trouver le sommeil » à l'ère téléphonique. Elle confie : « En fait, je prends mon téléphone pour me fatiguer les yeux. » Et ce n'est pas fini. Avec sa « meilleure amie pour la vie », elles ne supportent pas d'être séparées puisqu'elles ont inventé les « nuits blanches FaceTime ». « On laisse l'appli branchée toute la nuit et on se parle de tout et de rien, on peut aussi faire nos trucs mais ça tourne toute la nuit, raconte-t-elle. C'est comme si on dormait l'une chez l'autre autant de fois qu'on veut. »

La nuit, près de la moitié des ados dorment avec leur portable à proximité, qui n'est éteint que dans 14 % des cas (en mode avion pour 10 %, en mode silencieux pour 15 %, et en mode sonnerie pour 9 %). Sauf que les alertes et autres « cling » réveillent environ un quart des ados, et que la plupart consultent ensuite le message reçu et, pis, 79 % y répondent. Alors que le sommeil doit être un moment de déconnexion total du cerveau, ce repos se retrouve haché et réduit (les médecins recommandent neuf heures de sommeil en moyenne). Cela se traduit par des personnes souffrant davantage de troubles du sommeil et dormant plus que la moyenne le week-end.

Autre impact : la lumière bleue des écrans empêche l'endormissement. Générée par les diodes électroluminescentes (LED), elle active cent fois plus les récepteurs photosensibles de la rétine que la lumière blanche d'une lampe. Même avec une luminosité faible, l'écran du portable tient éveillé, retardant l'horloge interne et impactant la qualité du sommeil. Surtout qu'un mauvais repos n'est pas sans conséquences. On peut citer pêle-mêle l'anxiété, la dépression, la concentration réduite, l'augmentation de l'appétit, l'augmentation du risque de diabète, etc.

Pour l'Institut national du sommeil et de la vigilance (INSV), la pédagogie doit venir des parents afin de réguler l'usage des écrans le soir. Surtout qu'aujourd'hui 49 % d'entre eux ne demandent jamais le portable de leur progéniture avant le coucher.

« Nourrir le quotidien familial »
Stéphane Clerget, pédopsychiatre

« Le contrôle parental à l'adolescence a toujours été difficile. Mais il y avait moyen hier de "verrouiller" son enfant, si j'ose dire. À présent, on a toujours la possibilité de confisquer le téléphone, mais j'observe que les parents ont le plus grand mal à s'y résoudre. Finalement, le plus efficace pour que ces jeunes ne passent pas leur temps happés par les écrans, c'est de nourrir au maximum le quotidien familial. La volonté de communiquer entre parents et enfants est plus forte que dans les générations précédentes, les jeunes se confient plus mais les vrais moments d'échange sont de plus en plus rares. Il faut les provoquer, faire ensemble des activités artistiques, sportives ou ludiques. »

Troisième partie

« Mais pourquoi tu fais ça ? »

Avec ses petits sons et sa galaxie de dessins émojis, le téléphone est souvent assimilé à un nouveau joujou numérique, à un doudou. Il serait une véritable table d'éveil, comme celle des tout-petits, avec ses musiques, ses sons, ses jeux vidéo, ses films, ses photos. Certains pessimistes lui refusent une dimension symbolique plus large, un côté multifacette. C'est le cas de Christian, jeune prof de français dans la Seine-Saint-Denis : « C'est davantage un talisman, un porte-clés qu'un couteau suisse. Prenons la musique, ils ont la plus riche bibliothèque que l'on ait jamais eue et ils écoutent toujours les mêmes morceaux. » Derrière la critique de l'appareil, c'est l'ado qui trinque, sa procrastination, son manque de curiosité.

Mais il ne faut pas céder à la logique du « c'était mieux avant ». Oui, le téléphone est un ami virtuel, qui rassure par sa présence sonore, une boîte à trésors qui garde précieusement les secrets mais pas seulement. Fatimata, une collégienne de 14 ans, accepte d'ouvrir la porte de son univers en présentant la page d'accueil de son iPhone. On y retrouve ordonnés

Snapchat, Instagram, Musical.ly, Wattpad (pour lire des écrits autoédités), Periscope, Netflix, Flipagram (pour faire des diaporamas de photos), Bitmoji (pour créer son avatar en émoji), ainsi que plusieurs jeux vidéo (*Piano Tiles*, *Mon Angela*, *Rolling Sky* et *Epic Run*).

Il n'est pas un simple gadget et a remplacé une dizaine d'appareils : le journal intime, la télévision, le magnétoscope, la radio, la chaîne hi-fi, l'agenda… Mais surtout il a redéfini les contours de la communication. Comme le souligne Stéphane Clerget : « Avec le téléphone, les ados se téléportent et sont en lien permanent avec tout le monde. Comme si l'objet avait des pouvoirs magiques. C'est une immense agora, un lieu de vie. »

Une visite au collège Pasteur de Mantes-la-Jolie donne l'occasion de poser la question à des classes de quatrième et de troisième : « Le téléphone, ça représente quoi pour vous ? » Ils lâchent alors comme un cri du cœur : « C'est mon meilleur ami, c'est la vie ! Dedans, on a tout, la musique et tous les potes », répond une élève. « Tout, ça représente tout », enchaîne sa voisine. Avant qu'Ambre, grande fille à la bouille affirmée ne conclue : « C'est un petit carnet secret. C'est ton endroit perso. C'est là où tu as tous tes numéros. C'est la base ! »

Dis-moi ce qu'il y a dans ton portable et je te dirai qui tu es. Laurence Allard reprend la métaphore de cette fenêtre ouverte sur les autres, dans ses travaux, « l'espace physique de la socialisation des jeunes a été divisé par trois en quarante ans. Les parents ont de plus en plus peur de les laisser sortir. Le numérique n'enferme pas, il ouvre différemment aux autres.

Faire de sa vie un objet esthétique que les autres jugent, c'est ce que fabriquent ces ados avec leurs portables. » Car dans cette agora, on est jugé par ses pairs. On se raconte en textes et en images, on se fait une réputation, on se note, on se juge. On constitue même « des dossiers » sur les gens.

CHAPITRE 1

Le téléphone, journal intime

« On écrit pour surmonter une crise. Pour aider sa mémoire. Pour guider sa vie. On tient un journal de ses vacances. De ses amours. On écrit aussi parfois simplement pour tester ses idées, jouer avec les mots et les émotions. C'est cela sans doute, le vrai journal intime. Intime par son contenu, et surtout sa fonction. » En 1983, Philippe Lejeune, sociologue spécialiste de l'autobiographie, avait ainsi défini [1] le journal intime par son usage. Avant lui, le sociologue et démographe Alain Girard s'était attardé sur son rôle [2] : « [L'auteur de journal intime] s'épie de jour en jour pour tenter de se comprendre tout autant que de se connaître, opposant au relatif et à un sentiment d'évanescence le seul absolu qui lui reste, le sentiment de son existence. »

Voilà deux résumés de ce journal intime, indissociable de l'adolescence. Du moins jusqu'à la démocratisation d'Internet et des smartphones. Le petit

1. Philippe Lejeune, *« Cher cahier... » Témoignages sur le journal personnel*, Gallimard, 1983.

2. Alain Girard, *Le Journal intime*, PUF, 1963.

écran calé au creux de la main sert désormais à s'exprimer, se raconter, se dévoiler. Et le texte s'enrichit de sons et d'images. On l'a dit, tous les moments de la journée sont consignés à l'intérieur. Les photos prises en rafale servent d'arc narratif du quotidien, surtout que l'appareil retient précisément la date, l'heure et le lieu. Les ados peuvent alors documenter leurs moindres faits et gestes. Mais l'intimité du journal a disparu, ou du moins s'est transformée.

Le journal intime partagé

À la fin des années 1990, les blogs, ces sites web sous forme de journal intime, ont explosé, permettant à des centaines de milliers d'internautes de se raconter publiquement. Alors, selon les derniers chiffres disponibles, 8 % des Français disposaient d'un journal intime, en majorité des femmes, essentiellement des adolescentes. La facilité de création et d'alimentation du blog a détourné les diaristes, notamment les plus jeunes, vers les écrans d'ordinateur. La plateforme Skyblog, mise en place par la radio Skyrock, a alors attiré jusqu'à 40 millions d'inscrits.

Le blog d'alors reprenait ce rôle de support de mémoire personnelle et de plongée dans l'intimité. Sauf qu'à l'inverse du journal intime cadenassé, il était déjà public, objet hybride entre l'écriture de soi et la communication avec les autres (par le biais des commentaires et des listes de diffusion). Les récits sont devenus des « posts » et ne débutaient plus par « Cher journal ». Déjà, il favorisait le processus dit

« d'intensification du rapport à soi », selon l'expression des sociologues Dominique Cardon et Hélène Delaunay-Téterel, c'est-à-dire un objet numérique à la fois objectif et narcissique. C'est lui qui a ouvert la voie aux réseaux sociaux.

Avec le smartphone, les adolescents peuvent désormais se raconter, quasiment en temps réel. Les images du quotidien s'échangent sur Snapchat avec l'heure précise incrustée façon cristaux liquides de radioréveil. Les jolies photos sont partagées sur Instagram avec la géolocalisation bien visible. Les sorties entre amis sont étalées sur Facebook en multipliant les émojis. Tous les outils de communication intégrés aux réseaux sont mis à contribution pour se tenir au courant des moindres faits et gestes. On s'adresse parfois seulement aux amis très proches, parfois à un cercle beaucoup plus large. Cette interaction quasi permanente avec les uns et les autres devient un moyen de rendre public tout ce que l'on fait. Exactement comme le permettait le blog.

Monique Dagnaud, sociologue spécialiste des réseaux sociaux, confirme cette « volonté de se livrer à autrui en temps réel, grâce aux SMS [et aux réseaux sociaux], et grâce aux photos ». Dans son ouvrage *Le Modèle californien* [1], elle souligne : « Les smartphones sont devenus des technologies du partage d'émotions visuelles captées dans la furtivité de l'instant : les sentiments, étonnements, joies ou indignations, jalonnant le vécu, sont invités à se traduire par un : je vois, je clique, j'envoie. »

1. Monique Dagnaud, *Le Modèle californien*, Odile Jacob, 2016.

Ultime preuve de cette évolution de la rédaction intime : le phénomène du « *Mortified* » (« humilié »), qui consiste à monter sur scène pour lire un extrait de son journal intime rédigé quelques années plus tôt. Arrivée en France à la fin 2015, l'idée a germé à New York avant de cartonner et de faire le tour du monde. Enterrant au passage définitivement le côté privé du journal intime.

Le selfie au cœur de la narration de soi

Dans une société qui valorise fortement le lien social, les adolescents se sont emparés des réseaux sociaux pour se construire et se raconter. Le tout appuyé par le resserrement des liens amicaux qui s'observent depuis le début des années 1980. Ce faisant, ils se servent de l'exposition de soi comme principale technique de communication afin de construire ce que le sociologue Pierre Bourdieu appelait le « capital social », c'est-à-dire la faculté à tisser des liens avec d'autres, en se constituant un réseau d'amis et en l'entretenant. Et cela passe par des relations de confiance construites sur le partage. Dans ce journal intime perpétuel, il est évidemment question de soi.

Le selfie, cette nouvelle forme d'autoportrait, devient le noyau de cette narration. Il a fait les couvertures de magazines, a réussi à rendre addicts les hommes politiques, de François Hollande à Hillary Clinton. Sans surprise, les ados en sont dingues. Cette photo en plan serré, prise bras tendu ou au moyen d'une perche, en inversant le mode de prise de vue de l'appareil, est devenue un réflexe.

C'est « la photo conversationnelle » par excellence, pour reprendre l'expression d'André Gunthert, maître de conférences à l'EHESS où il tient la chaire d'histoire visuelle. Elle sert à fixer des émotions, à immortaliser des souvenirs, à prendre du recul en rigolant. Bref, une fois encore, à se raconter. On se réveille sans maquillage et les yeux encore gonflés, selfie ! On sort, selfie ! On est dans la cour du bahut, selfie ! Avec ses potes, selfie ! On s'ennuie, selfie ! On fait les touristes devant un beau paysage, selfie ! On est content, selfie ! On est triste, selfie ! On se transforme en vahiné, une couronne de fleurs sur la tête, selfie ! « Je fais des selfies tout le temps que je partage sur Snap. Au café, à la gare, en classe, etc. », confie Elsa, 16 ans. Même chose pour Sophie, 15 ans : « J'en fais plein dans la cour du collège, avec mes potes, avec les pions ou avec les profs. Ça me sert pour ma Story. »

C'est un moyen d'accrocher le regard. « Les regards, corrige Jocelyn Lachance, socio-anthropologue à l'Université de Pau, puisqu'ils sont démultipliés en fonction des supports. » Il y a le selfie pour faire son beau, celui pour rigoler, un autre pour se déguiser. Il explique : « Chaque réseau social a ses codes, imposant une conduite. Snapchat rime avec authenticité, Facebook avec espace public, Instagram avec pose. Les adolescents sont forcés de réfléchir en permanence à leur rapport aux autres. Ils se posent beaucoup plus de questions qu'avant. »

Alizée, 16 ans et vivant près de Bayonne, confirme : « Au lycée, dans la cour et dans les couloirs, même si on n'a pas le droit, on se prend en selfie avec les copines. » Autrefois déjà, les longues amitiés entre copines étaient immortalisées au photomaton du supermarché du coin. On s'y rendait après les cours et, 5 francs plus tard, on repartait mortes de rire avec quatre portraits en duo, de gamines assises sur le même tabouret qui avaient poussé la grimace.

Il y a quelque chose du narcissisme adolescent là-dedans. Mais plus que tout, une volonté d'attraper l'instant et d'en faire une base de discussion et d'échange avec les autres. Il ne faut pas prendre le selfie pour un simple egotrip. Multiplié à toutes les occasions, il vise avant tout à engager la conversation avec une ou plusieurs personnes, tout en se livrant. Il est au cœur de cette démarche de partage, plus ou moins intimiste, proche du blog, et par extension du journal intime 2.0.

Ce qui compte, c'est moins le caractère vraisemblable de l'image que le moment et le lieu, l'état d'esprit qui s'en dégage. En ce sens, le selfie de l'ado devient « le signalement instantané d'une situation, spécifiquement destiné à un récepteur, résume André Gunther. L'image devient un message visuel, dont l'interprétation dépend étroitement du triangle formé par son émetteur, l'occasion représentée et le destinataire visé, autrement dit présente un fort degré de dépendance au contexte ».

« Par les selfies, on exprime notre joie, notre tristesse », argumente Salma, 13 ans et 830 abonnés au compteur de son Instagram. Sur ce réseau-là, on plaisante moins, « on fait un peu les stars », ironise-t-elle, on se montre à son avantage. L'image est généralement assez posée, parfois jusqu'à l'outrance considèrent certains garçons qui raillent les filles qui passent la journée en « *duckface* ».

Une démarche qui évoque ce que pointait l'anthropologue Edmund Carpenter à propos du touriste qui ne se contente pas de l'image d'un lieu mais « se fait photographier devant par quelqu'un » pour que, « de retour chez lui, la photographie réaffirme son identité à l'intérieur de la scène ». Le selfie n'est donc ni une image de soi, ni une image du lieu, mais la trace visuelle de l'acteur dans cette situation.

Conseil aux parents :
Sensibiliser à la géolocalisation

Avec les smartphones, chaque photo contient des informations de géolocalisation précises du lieu de capture.

L'image partagée sur les réseaux permet de remonter à l'origine du lieu, en divulguant le cas échéant des données privées sur l'adresse d'habitation par exemple. Pour mieux sensibiliser à ce phénomène, un chercheur américain a créé une carte du monde où sont géolocalisées toutes les photos de chats publiées sur Instagram. Un bon exemple pour sensibiliser aux traces laissées par un partage anodin.

> La carte des chats est disponible ici : iknowwhereyourcatlives.com/

Le journal de l'intimité et de la reconnaissance

Pour parler de son quotidien et s'épancher sur son intimité, Snapchat est pour les ados le meilleur outil. « Snap, c'est plus intime », confirme Quentin, Parisien de 17 ans. Le récit de sa vie s'articule par cercles de proximité : plus les images sont intimes, plus le nombre de destinataires diminue. « Les usages des adolescents sont fortement imprégnés de questionnements identitaires, et la question de la reconnaissance est fondamentale, pointe Jocelyn Lachance, spécialiste des ados et des réseaux sociaux. Celle-ci passe par différents cercles : d'abord les gens côtoyés directement, puis de manière plus large les vagues connaissances, voire encore plus large, les inconnus. Tout est question de destinataire. »

Snapchat n'est pas non plus qu'un temple d'autoportraits. La narration de soi passe aussi par la mise en scène d'une sociabilité survalorisée. Dès que l'ado fait une activité à plusieurs, il dégaine son portable pour un selfie groupé. Et quand il retrouve son (sa) petit(e) ami(e), il éprouve le besoin d'immortaliser les moments passés ensemble, et de partager cette tranche d'intimité par à-coups, avec un cercle plus ou moins large.

« Avec mes copines, on fait surtout des selfies avec des têtes bizarres, raconte Alizée, 16 ans. Ces photos servent pour les anniversaires, quand on fait des diapos sur la page Facebook d'un pote. » Le gros plan, la grimace ou la mauvaise posture, ne font plus peur. Les ados n'ont pas honte de multiplier les photos dites « fichas » (pour « affiche », c'est-à-dire qui fichent la honte). Hawa, collégienne de 13 ans à

Mantes-la-Jolie, compile celles de tous ses amis, pour pouvoir « les ressortir aux anniversaires ». Le jeu étant de les publier le jour venu sur la page Facebook de l'intéressé.

Se raconter, ils le font en textes, mais aussi évidemment en images. Ils multiplient ainsi les instantanés sans intérêt esthétique, reflets de moments anecdotiques : la bouteille de coca et les boîtes de pizzas pour dire qu'on est en train de déjeuner (en ajoutant un bandeau avec des émojis), par exemple. Ces images sont parfois assorties de messages explicites à faire passer, comme cette photo d'un kit de maquillage publié sur Snapchat qui mentionne « *kit contouring* et fond de teint : à donner ». D'autres sont plus informatives, comme ce gros plan sur les pieds d'un jeune chaussé de baskets qui marchent en forêt, pour signifier une balade.

Le journal de l'écriture de soi

La Story de Snapchat, finalement, il faut la voir comme un fragment narratif, un bout de journal intime. L'histoire s'inscrit dans un environnement sonore et créatif fait de bidouille d'images. Sur les portraits, on s'amuse à rajouter des filtres, ludiques et différents chaque jour, qui les transforment en chaton, monstre vert ou créature difforme à gros yeux. On ajoute aussi des émojis, qui ont remplacé les stickers, ou des dessins réalisés au doigt, permettant plus d'audace que les feutres Stabilo. « La Story, c'est cette narration que les Anglais appellent le *drama* [du drame au sens théâtral], analyse Laurence

Allard. Elle est écrite comme un sketch, et les Snaps sont de petits cailloux qui les aident à se construire. »

Mais Snapchat n'est pas le seul support. Les échanges de messages « privés », adressés à un unique (ou un cercle très réduit de) destinataire(s) sont aussi l'occasion de se livrer. « Quand je prends une photo marrante ou que j'ai envie de raconter quelque chose à quelqu'un, finalement, le plus souvent je le fais par SMS… », constate Lise, Parisienne de 18 ans. Adèle, 16 ans, Brestoise, est aussi une grosse consommatrice de SMS avec ses copines : « Pour insulter les profs ou critiquer les gens du lycée, mais aussi pour se confier, explique-t-elle. On évoque nos parents, nos problèmes. L'autre jour, mon beau-père m'a giflée, j'ai écrit 20 messages sous l'émotion où je disais que j'avais envie de le tuer… Un portable, ça peut très vite sécher des larmes. »

Dès les années 1980, la sociologue américaine Sherry Turkle notait[1] que « les identités virtuelles fonctionnent comme des prolongements de soi. Les réseaux sont autant d'occasions de réfléchir et de préciser son identité : préciser son réseau relationnel, ses goûts, les sujets d'actualité dignes d'intérêt, voire d'indignation, prendre conscience de son désir de contrôler son image, etc. ». Un constat qui perdure à l'ère du tout-portable.

Dans ce partage d'une intimité en instantané, Laurence Allard voit surtout une nouvelle forme d'écriture de soi : « Le fruit de mes recherches m'amène à penser que ce que l'on appelle la culture mobile, c'est bien davantage une révolution de l'écrit

---

1. Sherry Turkle, *The Second Self*, MIT Press, 1984.

que de l'image. De l'écrit ou de l'écrivant au sens que lui donnait [le sémiologue Roland] Barthes. On ne parle pas ici de littérature : le portable devient une technologie de l'écriture de soi. C'est une textualité hybride qui mêle écrit et image. » Mais comme le fait remarquer justement la chercheuse, il s'agit « moins de conversation que d'écriture – on parle d'ailleurs de caméra-stylo. Dans la veine de faire deux choses à la fois, je vis et je m'écris ».

De son côté, l'Académie des pédiatres américains pose un regard bienveillant sur les réseaux sociaux qui « favorisent l'intégration sociale de ceux qui pourraient se sentir exclus ou ceux qui cherchent à intégrer une communauté : par exemple, ceux qui s'identifient comme lesbien, gay, bisexuel, ou transgenre ».

CHAPITRE 2

Le téléphone, baromètre de réputation

Dis-moi combien tu pèses sur les réseaux, je te dirai si tu es cool. L'adolescence est une phase de construction, et celle-ci passe par la confrontation avec le regard des copains. « Le groupe des pairs du même âge assume un rôle central dans les procédures de socialisation des adolescents, puisque le mouvement d'émancipation de l'influence familiale s'opère parallèlement à un investissement intense dans les activités sociales avec les partenaires du même âge, explique le chercheur en psychologie, Michel Claes. Le phénomène de regroupement des adolescents semble être universel. » L'anthropologue canadienne Helen Fisher raconte [1] même que, déjà chez les Cro-Magnon, les adolescents passaient apparemment des heures à s'apprêter en se tressant les cheveux, en enfilant des couronnes de fleurs pour sentir bon, en portant des bracelets et colliers, en décorant leurs tuniques et pantalons de fourrure, plumes, perles et

1. Helen Fisher, *Anatomy of Love : a Natural History of Mating, Marriage, and Why We Stray*, Ballantine Books, 1994.

couleurs. Le tout pour se pavaner, et apparaître pomponnés à la lueur du feu.

La quête de popularité a toujours joué un rôle crucial dans le processus de construction de soi, et de l'intégration. En appartenant à un groupe, l'ado existe dans le regard des autres, et au passage s'émancipe de la tutelle parentale. « Le groupe des pairs agit plus comme lieu d'apprentissage des habiletés sociales et comme support des démarches d'émancipation que comme endroit d'exercice de comportements socialement répréhensibles », poursuit Michel Claes.

Sauf que pour intégrer un groupe les prérequis varient en fonction des âges. Exit les blousons en cuir et mobylette des parents ou les Nike et baggy des grands frères, les jeunes doivent désormais composer avec une ère de portables et de médias sociaux. Et dans le numérique, tout est quantifiable, mesurable. De manière plus ou moins ouverte, la compétition se joue sur les nombres d'abonnés, de commentaires, de « J'aime »… Chaque compteur, chaque publication est scrutée, pour déterminer la popularité de l'auteur. Créant une « pression des *likes* ».

Les compteurs scrutés

Au début du XIIIe siècle, le mot « populaire » désignait « l'appartenance au peuple ». Après avoir été rejetée par Montaigne qui y voyait quelque chose de « vulgaire », l'idée de popularité telle qu'on la connaît s'est imposée, appliquée notamment à l'adolescence, au cinéma (de *Breakfast Club* à *La Boum*, en passant par *La Fureur de vivre*). À l'heure des réseaux sociaux, elle se jauge par le truchement des messages partagés et des contenus des comptes, que les utilisateurs instrumentalisent pour gonfler leur capital sympathie : ainsi Facebook affiche d'abord « les actualités les plus populaires de vos amis ». Plus possible pour un populaire de faire l'économie de ce test en ligne. Désormais, le cool, le leader, le chef de bande doit, en plus d'allier bagou et humour, soigner son image numérique. Ça se mesure essentiellement en cumulant des centaines d'amis sur les réseaux. Chaque selfie appelle des commentaires à foison de « t'es trop beau », et le plus d'émojis en forme de cœurs possible. Chaque blague partagée doit récolter des centaines de « J'aime ». Chaque photo doit mettre en valeur son plus beau style vestimentaire et ses marques fétiches. C'est le « deal » comme ils disent.

Le populaire double donc toujours sa popularité au bahut d'une e-popularité pilotée depuis le portable. Actif sur tous les réseaux, il cumule plus de 1000 amis Facebook, plus de 500 abonnés sur Instagram et sur Twitter. « Certaines copines de mon âge en ont même plus de 1000 ! » s'émerveille Emma, 13 ans. Salma, du même âge, raconte : « Quand je n'ai pas au moins 100 "J'aime" sur une photo, je l'efface. » La jeune fille ajoute immédiatement : « Non, lol, je rigole... Mais c'est vrai qu'il y a une pression, surtout chez les filles, les mecs eux s'en moquent. » Effacer la photo qui n'a pas recueilli assez de « J'aime » ? Sophie, Parisienne de 14 ans, confirme cette pratique, fréquente chez ses amies : « Moi, ça m'importe peu, mais bon ça fait toujours plaisir d'avoir beaucoup de "J'aime" ». La technique pour booster le compteur ? Partager « les images de groupes avec les amis, sur lesquelles ils sont tagués », c'est-à-dire identifiés, recevant alors une notification à chaque commentaire.

Dans ce monde du tout quantifié, même la popularité, l'un de leur passe-temps favori est de consulter, de feuilleter en quelque sorte, le récapitulatif des « J'aime ». Tous les noms des copains défilent et on est le témoin par leurs notifications de qui aime quoi. Pour Axelle Moreau, chercheuse en neuropsychiatrie de l'adolescent, spécialisée dans les addictions comportementales aux réseaux sociaux, il s'agit d'« un test de l'estime de soi. À la différence des adultes, l'adolescent ne publie pas pour partager avant tout, chez lui la démarche est beaucoup plus identitaire. La question de la perception par les autres est cruciale ».

Comme souvent, les moins assurés ne vivent pas toujours bien la comparaison. Chloé, 16 ans, raconte avoir eu du mal à gérer cette pression au collège : « Le nombre de likes [de "J'aime"] me tenait à cœur. J'avais deux copines assez populaires qui étaient très populaires sur les réseaux sociaux. Elles avaient beaucoup de *likes*, et comme je voyais que moi non, ça me rendait triste. Je me demandais ce que j'avais de moins qu'elles. Ça m'atteignait énormément… » Cette pression semble surtout répandue au collège, avant de s'apaiser au lycée, lorsque les ados, plus sûrs d'eux, prennent hauteur et recul. « Depuis que je suis passée au lycée, ça va mieux, je n'ai plus besoin de ça », souligne Chloé. Emma, 13 ans, confirme le phénomène : « Au collège, il y a chaque année trois ou quatre groupes de gens populaires. Et aux yeux des gens, plus t'as de *likes*, plus t'es populaire. Mais moi, je m'en fiche ! »

L'approbation numérique

Le groupe d'amis, comme le résume le psychologue Michel Claes, « assume un rôle prépondérant dans les procédures de socialisation des adolescents. Pourquoi ? Parce que les interactions avec les partenaires du même sexe et du sexe opposé offrent un prototype, une matrice des relations qu'adultes, ils réaliseront sur le plan social, professionnel et sexuel. » Cette intégration au groupe, et par extension cette perception par les autres, est fondamentale pour l'ado. Le groupe devient sa référence et l'aide dans sa construction identitaire par un vécu similaire, du dialogue et de la compréhension. Ensemble, ces mini-adultes en construction s'émancipent des parents, s'identifient sexuellement, tout en recherchant un statut qui leur soit propre. Le socio-anthropologue Jocelyn Lachance abonde : « Cette importance des *likes* ne doit pas être perçue comme un appauvrissement de la qualité des relations. Il permet de montrer la qualité de ses relations, notamment avec la confidence de secrets que seuls quelques-uns connaissent. »

Il y a toujours le groupe « nœud », celui qui regroupe les plus proches, les intimes, les confidents. Certains, comme Alfred, 18 ans, lui donnent un nom sérieux pour appuyer l'importance de ce centre névralgique : « la conv » (pour « conversation ») sur

Messenger, regroupe six ou sept personnes, uniquement des garçons, et sert à « partager nos conneries, pour les petites soirées, les vacances, c'est la vie sociale du groupe ». Pour les événements ponctuels, Alfred crée d'autres groupes, éphémères ceux-là, qui servent à acheter le cadeau d'anniversaire, à organiser les grosses soirées… Sur la conv, la fréquence des échanges est irrégulière, ça peut aller de deux-trois échanges à plus de 300 messages par jour. Par contre, la liste des participants est et demeure fermée. « Un jour, quelqu'un s'était invité et a rameuté toute la classe. C'était le bordel !, souligne Alfred. Car il y a des dossiers sur tout le monde, c'est une mine d'or, si les gens tombent sur notre conversation, on est morts. »

Salma, 13 ans, a une dizaine de groupes WhatsApp, fonctionnels et éphémères eux aussi, dont un principal avec ses meilleures copines : « C'est surtout pour savoir quand on sort le mercredi et le samedi, pour se donner rendez-vous. Au lieu d'envoyer des invitations, on organise un groupe. Il y a tous nos potes du collège dedans, ça peut monter jusqu'à 30 ou 40 personnes par groupe. On en crée aussi des spéciaux dans lesquels les filles parlent des garçons, tandis qu'eux parlent des filles dans leur propre groupe. » Oumou, en quatrième à Mantes-la-Jolie, a le sien sur Instagram, il regroupe ses meilleures amies : « Il n'a pas grand intérêt mais on s'envoie des trucs drôles dessus. On parle de tout et n'importe quoi. En gros, il y a une dizaine de groupes qui fonctionnent en même temps, souvent c'est toujours les mêmes qui se parlent, qui se clashent pour rigoler. »

Pour sceller le clan, il faut partager des valeurs et des centres d'intérêt communs. Et cela passe par des abonnements à des pages, des photos partagées ou des commentaires. La chercheuse Danah Boyd, replace cette quête identitaire dans une perspective historique : « Les jeunes ont toujours utilisé les matériaux auxquels ils avaient accès pour construire leur identité. Longtemps, ils se sont définis par les médias qu'ils lisaient, les magazines qu'ils découpaient, les livres et BD qu'ils lisaient, la musique qu'ils écoutaient sur leur ghetto-blaster. Aujourd'hui, ils font la même chose avec les médias sociaux. »

Sauf qu'à l'heure de la viralité, la moindre différence est vite taclée par des moqueries et insultes. Ainsi, le discret Yohan, 11 ans, élève de cinquième dans le Var, est un « passionné de danse » : « Je fais du hip-hop, du jazz, du contemporain et du classique. Sur Instagram, je me suis abonné à "Danse avec les stars" et d'autres pages. Je *like* souvent des photos, mais je ne commente pas. » Une passion assumée. Enfin, discrètement. Quand on lui demande s'il partage également des photos ou vidéos de ses cours et spectacles, il rougit et n'arrive pas à cacher sa gêne. Finalement, il confie : « Sur mes réseaux, je ne mets rien de la danse. Je me faisais traiter de "PD de la danse", du coup, je préfère ne pas partager... » *Sic.*

Chez les plus jeunes, notamment, goûts et passions sont modulables et évoluent pour s'ajuster aux prérequis du groupe. C'était déjà vrai avant même l'omniprésence des portables. « Dès la préadolescence, [l'ado] se cale sur le goût de ses amis et recherche leur approbation, rappelle la sociologue Monique Dagnaud. Vouloir être repéré par autrui, s'éprouver sous le regard des autres, tenter d'élargir son cercle de contacts, s'employer à gagner de la notoriété (signalée par le nombre d'amis sur Facebook) et de popularité (signalée par les *likes* ou les tweets dont font l'objet les contenus que l'on a mis en ligne) : tous ces comportements renvoient à des aspirations habituelles de l'adolescence, le numérique se contentant d'en orchestrer la danse par des clics. »

Ceux qui prennent le temps de s'ennuyer et de rester seuls de temps en temps, ou pis qui sont des « déconnectés » par choix, passent pour d'étranges énergumènes. Comme le souligne Monique Dagnaud, « la préférence pour la solitude paraît insolite ».

Dans cette quête d'approbation, on pourrait croire les adolescents tentés de se mettre le plus en valeur possible sur les réseaux sociaux en inventant, mentant, mystifiant leur quotidien. Selon le sociologue Antonio Casilli, les réseaux relèvent d'une sorte de « paradis immatériel » propice à la réalisation de ses fantasmes personnels. Si bien que des identités complètement imaginaires et fictives peuvent être créées de toutes pièces. Toutefois, pointe-t-il, du fait de l'intégration de membres de sa famille et d'amis très proches dans les relations virtuelles, il est impossible de trop embellir son profil, au risque de se heurter aux regards critiques de ceux-ci. Cela débouche ainsi sur un « toilettage social », c'est-à-dire que l'utilisateur apparaît sous son meilleur jour, sans être déconnecté de la réalité. La sociologue spécialiste du langage Julie Denouël confirme la tendance [1], tout

1. Julie Denouël, « Exposition de soi et reconnaissance de singularités subjectives sur les réseaux sociaux », *Sociologie*, n° 2010.

en soulignant qu'en plus des relations réelles, la conscience qu'avec Internet tout est potentiellement sujet à vérification rend les utilisateurs plus prudents, « mais pas moins affabulateurs ».

Chapitre 3

Le téléphone mouchard

« Être parent, c'est vouloir à la fois câliner et étrangler son enfant [1] », résume avec humour le personnage du père dans la BD *Calvin et Hobbes*. Une image qui s'applique particulièrement à l'ado collé à son portable. Inquiets, parce qu'ignorants, les parents sont tentés de regarder par-dessus l'épaule de leur enfant, de contrôler les activités de celui qui n'était qu'un petit bout fragile il n'y a pas si longtemps. Surtout que les médias ne sont pas très rassurants sur ce point non plus, avec toutes ces histoires qui tournent mal, des embrouilles jusqu'au suicide. Anxieux, nombre de parents mettent en place des systèmes de surveillance de leur progéniture.

Julie, mère de trois enfants de 8, 13 et 18 ans, habite dans le 9e arrondissement de Paris, et a décidé d'arrêter de travailler pour s'occuper d'eux à temps plein. Elle le pouvait. Elle confie que, malgré sa présence et sa complicité, elle oscille sans arrêt entre confiance et surveillance. « J'ai accès aux comptes de

---

1. Bill Watterson, *Debout, tas de nouilles !* tome 4, Calvin et Hobbes, 1999.

ma fille de 13 ans via son mot de passe. De temps en temps, je jette un œil, mais elle me montre aussi d'elle-même, assez naturellement. Elle a Periscope et j'en ai parlé avec elle quand il y a eu le suicide en direct [Océane, 19 ans, a diffusé la vidéo où elle s'est jetée sous un train]. Un jour, je l'ai entendue rigoler sur une vidéo avec une copine en disant du mal d'une fille de l'école, et je lui ai fait immédiatement la leçon, en disant qu'il était interdit de se filmer à dire des vacheries. » Quand Julie n'est pas disponible ou témoin d'une scène limite, la fratrie prend le relais. « Lou, la cadette, fait des Musical.ly [des vidéos de play-back musical] toutes les deux secondes. Et quand un bout de culotte dépasse parce qu'elle est en plein grand écart, sa sœur ne manque pas de m'alerter. »

Selon une enquête américaine de l'institut Pew Research, 61 % des parents d'ados de 13 à 17 ans avouent mettre leur nez pour regarder quels sites leur enfant consulte : 60 % se contentent de consulter leurs profils sur les réseaux sociaux, et 48 %, plus intrusifs reconnaissent lire certains de leurs textos ou écouter parfois leurs messages sur le répondeur. Un contrôle d'autant plus facile qu'à l'instar de Julie, ils connaissent souvent le mot de passe pour accéder au téléphone (à 43 %) ou aux réseaux sociaux (35 %).

Un ami qui vous veut du bien

Une majorité de parents cèdent donc à la vérification, plus ou moins régulière, de l'activité de leurs enfants. Au total, 61 % des parents de jeunes de 14 à 17 ans ont déjà accédé secrètement au profil Facebook de leur ado, sans que celui-ci ne le sache, d'après une étude AVG de 2012. Sauf que fouiller le smartphone ou les réseaux sociaux peut être perçu comme une vraie atteinte à la vie privée. Pour le psychologue et psychanalyste Michael Stora, il y a là une « forme de désir de mainmise des parents. La crise d'adolescence confronte les parents au désir d'autonomie de leur enfant, ce qui oblige à faire le deuil de sa position de parent omnipotent. Cela implique de lâcher prise et de faire confiance. [...] Fouiller dans un smartphone, c'est du même ordre que de fouiller dans une chambre d'ado pour débusquer des traces de bêtises. Aujourd'hui, le premier outil de surveillance, c'est Facebook. »

Plutôt que d'avancer masqués, papa et maman optent parfois pour une technique plus simple : devenir « ami » avec leur enfant sur les réseaux. Une étude de l'institut Pew Research affirme que 56 % des parents sont « amis » Facebook avec leur ado, le suivent sur Twitter, ou sont en lien sur un autre réseau social. Une étude de 2012 chiffrait en France la proportion à 45 %, les mères se révélant plus intriguées encore que les pères (49 % contre 39 %). Parmi les peurs avancées, on trouvait pêle-mêle : l'exposition à des sites pornographiques, l'accès aux jeux d'argent, le piège du téléchargement illégal, mais aussi l'échange de contenus sexuellement explicites.

Globalement, les experts déconseillent cette « amitié » numérique parent-ado. « Le parent n'est pas à sa place, estime la psychologue pour enfants Angélique Kosinski Cimelière. Il se met alors dans la posture du copain. Or, la complicité, ce n'est pas le partage de l'intimité ! » Même Facebook y va de sa page de conseils, encourageant les parents à « respecter les mêmes barrières que celles de la vie réelle. Laissez votre relation dicter votre manière d'interagir, par exemple, si vous joignez une conversation entre les amis de votre enfant. [...] Il s'agit de trouver le bon équilibre entre l'indépendance croissante et le besoin d'intimité de votre adolescent et vos inquiétudes sur sa sécurité. »

L'espionnage pousse au camouflage

Le psychologue Michael Stora tranche : « Je vois beaucoup de parents demander leurs enfants de 10-11 ans en amis sur Facebook. Cela contribue à les "adultifier", une situation assez bizarre. D'ailleurs, devenus ados, ils les résilient ou gardent un statut "vitrine", et en créent un autre moins officiel destiné aux copains. » Enzo, 17 ans, témoigne : « Je suis ami avec ma mère sur Facebook. C'est bien, ça nous permet de discuter quand elle part en voyage pour le travail. » Au-delà de la commodité de l'outil, quand on l'interroge sur l'accès qu'il laisse à sa mère et aux éventuelles indiscrétions à cacher, il raconte : « Un jour, quelqu'un a publié une photo de moi avec une bière. J'ai tout fait pour qu'elle ne puisse pas la voir. Sinon, elle m'aurait tué... »

Un sondage américain de Lab42 a souligné que les parents « amis » avec leur enfant sur Facebook étaient bien souvent à l'origine de la démarche (à 55 %). Ils se servaient ensuite de ce lien pour espionner (très) régulièrement les photos publiées par leurs ados : 43 % admettaient le faire quotidiennement, 31 % quatre à cinq fois par semaine. Ils invoquaient d'un bloc et de manière assez contradictoire la curiosité et la sécurité.

« Si l'enfant se sent espionné, ça peut l'inciter à camoufler davantage », insiste l'éducatrice Christine Elgersma, de l'ONG Common Sense Media. Les ados vont alors verrouiller leur profil, en créer un autre, se tourner vers d'autres réseaux sociaux où ils seront sûrs de ne pas croiser leurs parents (Snapchat en tête), ou plus simplement supprimer leurs géniteurs de la liste d'« amis ». Un comportement qui fait écho au fameux « dépose-moi au coin de la rue » pour la soirée du samedi soir, que la génération du film *La Boum* a connu au début des années 1990.

Axelle Moreau a réalisé en 2012 une étude sur l'utilisation de Facebook par les ados à partir d'un échantillon d'enfants âgés de 12 à 20 ans : « Depuis, les choses ont évolué, et la consultation se fait davantage sur le téléphone, plus personnel encore que l'ordinateur. Mais ce qui m'avait frappée, c'était la césure des 16 ans. Avant 16 ans, les enfants considéraient qu'ils pouvaient être amis avec leurs parents. Après, l'intrusion parentale n'est plus possible. »

La surveillance généralisée acceptée

Bien sûr, l'espionnage par les réseaux sociaux n'est pas propre aux seuls ados. S'inscrire et partager sur ces applis revient à accepter implicitement une forme de flicage numérique, aussi bien de la part de la fratrie qu'au sein du couple ou de l'environnement professionnel. Un quart des Français admet avoir déjà fouillé dans le téléphone de sa moitié, en épluchant notamment les SMS (à 85 % chez les moins de 35 ans), d'après une étude Harris Interactive. Côté salariat, 67 % [1] des recruteurs disent vérifier le profil Facebook d'un candidat, et 90 % jettent un œil à sa présence sur les réseaux sociaux avant de l'embaucher.

Les adolescents ont parfaitement conscience de ce contexte anxiogène d'espionnage à tous les niveaux, et ils ont trouvé les parades. « Sur Facebook, je suis amie avec ma sœur, explique Margaux, Bordelaise de 16 ans. Peut-être qu'elle me surveille, mais de toute façon elle ne verra pas grand-chose car je ne partage quasiment rien… » La surveillance est en revanche plus menaçante pour Sofiane, Mantais de 13 ans : « Mon frère de 22 ans, c'est un daron [un père]. Il regarde tous les jours ce que je fais. Il m'engueule quand je traite quelqu'un ou si je mets des images pas bien. Une fois, j'avais mis une photo de profil avec une fille, il m'a engueulé sévère et j'ai dû la retirer. »

Ceux qui sont déjà en couple, disent systématiquement « faire confiance » à leur partenaire. Comme Alizée, Bayonnaise de 16 ans : « J'ai confiance en lui, donc je ne fouille pas son téléphone. Après, oui, je regarde qui commente ses photos sur les réseaux sociaux. » Emma, Parisienne de 13 ans, relate que sa meilleure amie, qui a un amoureux, « aime bien vérifier si son copain ne poste pas de photos trop intimes d'eux deux sur les réseaux, et qu'au passage elle regarde

1. Étude Bond, décembre 2015 : http://www.bond-us.com/blog/infographic-recruiting-social-media.

s'il ne prend pas non plus la pose avec d'autres filles. » Alizée s'invite dans la conversation et rajoute son grain de sel pour rappeler que « quand une relation se termine », il est essentiel de rapidement « supprimer toutes les anciennes photos à deux. »

Ce « ménage », les adolescents le font plus ou moins régulièrement sur leur profil. À la fin du lycée, tous disent avoir fait le tri ou s'apprêter à le faire, avec déjà pour les plus grands, l'idée derrière la tête de soigner sa présentation en vue de futurs recrutements dans la vie d'adulte. « C'est pas que j'ai honte de ma vie privée, mais je veux faire sérieuse, insiste Margaux, en première ES. Je ne veux pas que des photos de moi circulent. Je me rapproche du monde du travail et les employeurs vont aller regarder ce que j'ai fait. » Thomas, en seconde, prend la chose très au sérieux : « Je fais tout pour rester discret, parce que je n'ai pas trop envie qu'on me retrouve. Je sais que la surveillance informatique se développe et s'il y a ma tête on me retrouvera plus facilement. »

Des parents pires que la NSA

Car non seulement cette surveillance électronique se développe, mais elle s'affine. Ces dernières années, le marché des applications et logiciels dits de « contrôle parental » a explosé. Le père de Lauren, 13 ans, a installé un système qui permet de couper l'accès à Internet Wi-Fi à distance. « Quand la nuit, il voit que je suis connectée, il coupe », raconte la collégienne.

Il existe désormais une myriade d'applis (bien souvent payantes) qui permettent d'enregistrer tout ce qui passe. Le parent peut accéder à l'historique des appels et messages, mais aussi aux contenus, aussi bien des SMS que des messages Messenger ou des photos Snapchat, tout en limitant l'accès à Internet à certaines plages horaires. Il peut aussi obtenir un relevé détaillé du temps passé sur chaque réseau, ainsi que toutes les positions GPS captées, ou même suivre en temps réel son enfant. Des systèmes dignes de l'agence américaine NSA ! « L'éducation consiste selon moi à permettre à son enfant de conquérir son autonomie, estime Isabelle Falque-Pierrotin, présidente de la Cnil (Commission nationale de l'informatique et des libertés). Il n'y aura jamais d'outil technique pour doser cette part d'autonomie. Je ne dis pas qu'il faut interdire le contrôle, mais il est toujours plus sain de dialoguer et d'instituer un rapport de confiance, plutôt qu'un rapport de flicage. »

La thématique s'avère parfaitement illustrée dans le film *Men, Women and Children* où l'actrice Jennifer Garner campe une mère qui flique sans cesse sa fille lycéenne, avec l'argument massue de faire ça « pour [s]a sécurité ». Seulement, espionner quelqu'un comme ça, même sa progéniture, relève aux yeux de la loi d'une atteinte à la vie privée, punie par le Code pénal d'un an de prison et 45 000 euros d'amende.

Ces contrôles parentaux répondent le plus souvent à cette difficulté de réguler la consommation d'écrans, avec en toile de fond, l'envie de se garder la possibilité de dégainer une punition. Deux tiers des parents confessent que le portable entraîne des tensions dans la famille, quand il ne dégénère pas carrément en conflit systématique, pointe une enquête de la start-up Xooloo. Si on regarde dans le détail, sur les 77 % des parents qui déclarent avoir pris des mesures : 53 % posent des règles pour éviter les abus, 28 % confisquent, 20 % installent un contrôle parental. Une nuance apparaît toutefois chez les parents les plus jeunes (les 18-34 ans) : ils ont tendance à moins confisquer le téléphone que la moyenne (18 % contre 29 % chez les 35 ans et plus), mais à installer plus souvent des systèmes de contrôle (34 % contre 18 %).

Pleins de ressources, les ados technophiles et hyper malins parviendront toujours à contourner ces contraintes. Étienne, 13 ans, glisse fièrement dans la conversation : « Pour éviter que je sois trop sur les écrans, mon père m'avait installé un contrôle parental. Ça bloquait le Wi-Fi à certaines heures. Mais en allant sur les forums, on trouve plein de conseils pour déverrouiller ces systèmes. Je modifiais les réglages de l'heure du système pour le réactiver. Il l'a réalisé et il en a mis un autre qui bloquait l'horloge. Mais, heureusement, j'ai réussi à débloquer le truc. »

La cristallisation d'une problématique globale

« Quand les parents ont des difficultés dans l'éducation de leurs enfants, le sujet du portable revient de manière systématique, souligne Anne-Catherine Baseilhac, spécialisée dans le coaching parental. Certains débordés tombent dans la punition systématique, ce qui entache la relation. D'autres sont très permissifs et se désintéressent. D'autres encore essayent de contrôler un maximum, quitte à être un peu trop sur le dos de leur enfant. Dans tous les cas, ce sujet dit quelque chose de la relation parent-enfant. Quand elle est installée, avec du dialogue, de la confiance, et une autorité parentale bienveillante et acceptée, alors la problématique numérique se résout d'elle-même. Quand elle est plus difficile, alors le sujet du portable peut tout cristalliser et aboutir à une rupture. »

Flairant le filon des parents stressés, les entreprises montent au créneau. Tous les opérateurs Internet et mobile proposent désormais leur solution de « contrôle », tandis que des start-up tentent une proposition un brin différente. C'est le cas de Xooloo avec son application « Digital Coach », promue comme « une alternative au contrôle parental ». Une fois installée, elle permet de contrôler précisément la consommation de l'ado, mais aussi de lui octroyer un « crédit de temps » dédié à chaque réseau social (mais aussi aux jeux vidéo). Une fois celui-ci écoulé, l'enfant doit alors entrer dans la phase de « négociation » pour réclamer plus de temps, parfois avec des contreparties ménagères. Objectifs : responsabiliser l'adolescent, en lui faisant réaliser sa consommation, mais aussi permettre aux parents d'en prendre conscience et d'adopter une communication bienveillante. L'appli détient néanmoins une arme atomique, avec sa fonction « à table », qui permet aux parents de bloquer à distance le smartphone de l'ado le temps du repas. Pour le plus grand bonheur des petits, les parents de ceux que l'on a interrogés ne l'avaient pas encore repérée.

« Certains [parents] vont assez loin, critique le psychologue Michael Stora. Il faut réfléchir à quel point on accepte que son enfant puisse sortir de son champ de vision et s'autonomise. Pour un jeune enfant, aller chercher le pain pour la première fois est une victoire terrible ! Si dans le même temps on lui met une puce GPS, c'est ce qu'on appelle dans notre jargon une injonction paradoxale. C'est comme lui faire porter un bracelet électronique. [Il faut] respecter l'espace dans lequel l'adolescent se construit. Lire ses messages, c'est ne pas respecter cet espace. »

Des parents omniprésents et omniscients

Derrière tout cela, on devine également la multiplication de parents surprotecteurs et omniprésents, ces « parents hélicoptères », selon l'expression popularisée par le psychiatre Foster Cline et l'enseignant Jim Fay [1]. Ces adultes ont tendance à surstimuler leurs enfants mais en prenant de plus en plus de décisions à leur place, ce qui est fortement décrié, puisque certains disent même qu'à terme cela favoriserait la dépression.

Devenus jeunes adultes, ces ados couvés « sont souvent incapables de penser par eux-mêmes, explique la psychothérapeute Brooke Bonatone sur le site Slate. La trop grande implication des parents hélicoptères empêche les plus jeunes d'apprendre à

1. Foster Cline et Jim Fay, *Parenting with Love and Logic : Teaching Children*, NavPress, 1990.

gérer leurs déceptions et à trouver des solutions par eux-mêmes. » Et cette problématique ne concerne pas que les parents qui ont le temps et les moyens d'en faire trop. La journaliste Nadia Daam l'étend à tous les parents inquiets, et préfère utiliser le terme de « parents-drones », en visant ceux qui « gardent toujours un œil sur leur cible et tâchent de détecter les potentiels actes de malveillance sur l'objet dont ils ont la garde ». Ce sont eux qui recourent le plus aux contrôles parentaux.

Illustration directe de cette éducation (trop) protectrice : les enfants explorent de moins en moins seuls le monde qui les entoure. Le médecin William Bird utilise l'exemple de la famille Thomas, qui vit depuis quatre générations dans la ville de Sheffield au nord de l'Angleterre. En 2007, Ed Thomas, 8 ans, avait le droit d'aller seul au bout de sa rue à moins de trois cents mètres de sa maison. À titre de comparaison, aux mêmes âges, sa mère Vicky pouvait se rendre à la piscine à huit cents mètres de chez elle en 1979, son grand-père Jack au bois à 1,5 km en 1950, et son arrière-grand-père George à la pêche à 10 km en 1919. « L'enfant qui court ou qui joue dans les rues a disparu de nos imaginaires sur la ville, sa place est maintenant dans des espaces réservés, les parcs, les aires de jeux ou au bas des immeubles », note l'anthropologue et urbaniste Pascale Legué. Si bien que désormais 25 % des enfants à l'école primaire se rendent seuls à l'école, contre 86 % en 1971, selon une étude britannique du Policy Studies Institute de l'université de Westminster.

Mieux vaut ne pas espionner ses enfants
Par Danah Boyd, chercheuse en sciences humaines et sociales, spécialiste des médias sociaux et des jeunes

« Le plus difficile dans votre rôle de parent, c'est de maintenir la confiance. Les nourrissons ont confiance en vous par leur nature même, mais cela se fane au fil du temps. Donc, espionner va miner cette confiance et créer un rapport malsain entre les parents et les enfants. Parfois, comme toute affirmation de la puissance, cela devient nécessaire, mais les parents doivent penser sur le long terme et se demander s'ils sont prêts à risquer leur relation avec leurs enfants juste pour les espionner. »

CHAPITRE 4

Le téléphone, nouvelle télé

Ça lui a fait tilt au cours d'un voyage scolaire à Berlin. Virginie, 33 ans, prof d'histoire-géo dans un collège de Suresnes, a réalisé que le bon vieux poste de télé, son journal de 20 heures et ses films du dimanche soir, ne parlait plus trop à cette génération. « Je leur disais : "Vous savez, vous serez dans des familles et vous n'aurez peut-être pas tous la télévision." Et ils m'ont répondu : "On s'en fiche madame, on ne la regarde jamais !" »

Les enfants de la génération zapping ont totalement délaissé le poste… au profit des écrans connectés. Le smartphone, en bonne place : depuis deux ans, la consommation de vidéos sur portable a bondi de 127 % chez les adolescents ! Si bien qu'elle devrait représenter 70 % des données circulant sur les réseaux mobiles à l'horizon 2021, contre moins de 5 % pour les appels téléphoniques.

Les séquences s'enchaînent sur YouTube, Facebook, Netflix, Canal Play, et consorts. C'est l'oraison funèbre pour la télé. Enfin presque. Les 15-34 ans passent encore 2 h 04 par jour devant la petite lucarne, contre plus de 2 h 30 en 1998, d'après

Médiamétrie. C'est toutefois bien moins que la moyenne de 3 h 14 quotidiennes pour l'ensemble des Français. « Les jeunes se détournent des chaînes, ils veulent du flux, constate Yann Barthès, ex-animateur du *Petit Journal* et désormais aux commandes de *Quotidien*, dans *Téléobs*. L'an dernier, on était plus vus en *replay* qu'en direct, avec un pic à 13 heures : le programme est regardé en déjeunant. »

YouTube : du rire, mais pas seulement

La majorité des ados interrogés confirme ce qu'Emma, Parisienne de 13 ans, revendique, décomplexée : « Je passe ma vie sur YouTube. » Sur la plateforme de vidéos, publiées aussi bien par des marques que par des internautes lambda, les séquences s'enchaînent à une vitesse folle. Pis, désormais un clip en entraîne automatiquement un autre, plus ou moins lié. Et les adolescents s'avalent des tonnes d'images. YouTube annonce fièrement « toucher plus de personnes de 18 à 34 ans que n'importe quelle chaîne de télévision aux États-Unis ». Et cela passe essentiellement par le mobile, qui représente la moitié des visionnages avec une durée moyenne d'utilisation dépassant les 40 minutes consécutives.

Calés dans le canapé, à table, en cours, dans les transports en commun ou dans leur lit, les ados se ruent sur les dernières créations des YouTubeurs. Les plus célèbres (et plus regardés) se rangent dans la catégorie « humour-divertissement ». Où l'on retrouve la classique mise en scène : une chambre à coucher d'ado ou un salon, dans lesquels on aperçoit tantôt une bibliothèque, tantôt un lit. Face caméra et montage cut, le vidéaste enchaîne sketchs et répliques plus ou moins drôles. L'ambiance est à la déconne, le ton à la confidence. Pour les ados-spectateurs, l'identification se voit facilitée par ce cadre minimaliste « comme à la maison », rassurant et récurrent.

Depuis que des Norman ou Cyprien sont devenus des stars, des centaines d'autres blagueurs du web se sont lancés, et ont percé. Au passage, les vidéos se sont diversifiées pour parler de tout et n'importe quoi : les jeux vidéo, la beauté, la mode, les sciences, le sport, la cuisine, la couture, les travaux manuels… Il y en a pour tous les goûts. Arsène, 13 ans, raconte jongler d'une vidéo à l'autre, faisant le grand écart entre les genres. Il peut dériver de « la jolie Andy raconte », mi-mannequin mi-YouTubeuse beauté, à « Lolywood », parodie de Cabrel véhiculant un humour gras sur les différences entre hommes et femmes devant le foot, tout en jetant un œil sur « le Rire Jaune », deux jeunes d'origine asiatique qui avec humour énumèrent les pires clichés sur les Parisiens, expliquent la bataille taxis contre Uber, ou encore évoquent la paternité.

Le succès d'« EnjoyPhoenix », suivie par plus de 2,5 millions d'internautes, a ouvert la voie aux tutoriels beauté, maquillage et coiffure. Les filles piochent selon leurs envies et besoins, tout en suivant les conseils des rigolotes YouTubeuses pas plus vieilles qu'elles, comme Clara Channel ou Danae MakeUp. « J'étais en plein redoublement, pendant les vacances d'été, et je me suis dit : “Pourquoi pas moi, pourquoi pas maintenant ?” », raconte à *L'Obs*

Clara Channel, 15 ans, qui totalise aujourd'hui près de 1 million de fans.

YouTube sans frontières, contenus identitaires

Au collège Pasteur de Mantes-la-Jolie, classé Rep+ (ex-Zep), les filles aussi regardent des tutoriels beauté, mais préfèrent des YouTubeuses qui leur ressemblent, comme « The Doll Beauty ». Ça parle « revue de mèches » et perruques, mais aussi des mésaventures du quotidien. « C'est une Algérienne qui fait du *contouring*, des challenges et donne aussi ses playlists, raconte Aïssa, 14 ans. En fait, elle est niçoise. Elle avait fait une vidéo en soutien à sa ville au moment des attentats, elle a eu plein de “J'aime” et ensuite elle a monté sa chaîne. » Les garçons ? « Eux, ils regardent des vidéos de filles qui twerkent [danse sensuelle], il n'y a que ça : les “*best Twerks*” ou les “*hottest Twerks*”. »

Autre décor, autre style, Mathias, 15 ans, en troisième, consacre lui aussi beaucoup de temps à YouTube, et ce dès le petit déjeuner : « C'est mon rituel du matin. » S'il enchaîne les vidéos en mangeant ses céréales, pas de traces de twerks, mais des tonnes de séquences dédiées aux jeux et au foot.

Alors que YouTube transcende les milieux, le décryptage des contenus fait ressortir des aspects plus identitaires, qui collent aux goûts et pratiques des fans qui les suivent. C'est vrai avec les personnages qui évoluent face caméra, mais aussi dans les scénarii et intrigues qui les font rigoler. « YanissaXoXo », avec des coiffures incroyables, raconte ainsi à ses 200 000 fans comment elle a rencontré chez Sephora « la vendeuse la plus raciste du monde ». Ou cette autre fois où elle a « eu affaire à la pire coiffeuse du monde » dans le 10e arrondissement de Paris, qui lui a fait un tissage complètement raté. De son côté, « Deborah Power » donne ses astuces pour obtenir comme elle une belle perruque longue aux reflets verts, un détail « hyper tendance en ce moment », ou déballe comment « [s]on copain s'est enfui avec [s]on argent ». Le tout à grand renfort de voix off et d'incrustations d'émojis. Car tout ça se scénarise quand même.

YouTube, une caverne d'Ali Baba pour hobbies

Plus sage et certainement plus bobo, Capucine, 14 ans, dit regarder souvent « Le coin d'Élodie », une chaîne qui parle de bons plans baskets, avant d'enchaîner avec « Amanda Steele » pour des conseils maquillage. Sur YouTube, ce qui aimante, c'est justement le mélange des genres. Après le rayon poudre et gloss, on dérive sur les petites chaînes de cuisine, pour admirer les recettes succulentes (mais grasses) de « Tasty », même si on ne les applique pas ensuite aux fourneaux. On s'attendrait à y trouver leurs mères, mais non, les ados, telle Elsa, Parisienne de 16 ans, sont fondues de ces chaînes et se lèchent les babines devant les recettes de pop-corn à la mexicaine, tacos, œufs durs en forme d'animaux ou cookies moelleux. Ils nous surprendront décidément jusqu'au bout. Mélodie, 15 ans, qui vit à Puteaux, confie regarder « beaucoup de vidéos de couture. Et aussi des petits exercices de sport, comme "50 minutes *workout*" ».

YouTube est vraiment la boîte à trésors multitiroirs pour nourrir ses hobbies. Et il y en a pour tous les goûts. Les fans de sport qui se repassent les plus beaux instants de matchs ou les *gamers* qui visionnent en boucle les exploits de leurs idoles. Nicolas, 15 ans, raconte ne pas pouvoir décrocher « des vidéos de Gotaga et Krnage », deux joueurs professionnels qui se filment en train de jouer. Pour Yohan, 11 ans, originaire de Solliès-Pont, YouTube n'est que musique. Là où vingt ans plus tôt, ses aînés regardaient des clips sur MTV, lui va sur la plateforme pour les lives et il se repasse les tubes : « J'utilise surtout YouTube pour écouter de la musique. En général, je tape "hit du moment" et j'écoute ce qui passe. Je découvre plein de trucs, même si je déteste Jul et Kendji Girac. »

Lou, en première ES, est une élève plutôt format sage. Elle est abonnée à une vingtaine de chaînes, mais en a assez de celles qui ne sont que mono-thématiques façon « EnjoyPhoenix » : « Des Américaines ont lancé des chaînes *lifestyle*. Moi j'aime bien "My Life as Eva". Les vidéos ne sont plus tournées dans des apparts mais dans des décors naturels dans lesquels on est embarqué. On te fait découvrir des restos, des bons plans, le lycée, il y a un fond musical et des prises de vue différentes d'une vidéo à l'autre, un peu comme une mini-série. »

La web-célébrité à portée de vidéo

Comme hier, les stars du foot ou de la chanson, les YouTubeurs stars font des émules. « Plus tard, je rêverais d'avoir ma chaîne YouTube pour faire des vlogs [vidéoblogs] sur mes voyages, confie Lina, 12 ans, de Neuilly-sur-Seine. J'aimerais bien ressembler à Squeezie et Cyprien, ils ont l'air de toujours se marrer… Même si dans le fond, j'ai aussi envie de devenir architecte. » Même fascination pour la web-célébrité chez Moustafa, 14 ans : « Jaymax, c'était un mec comme nous, il aimait faire rire. Il a fait une vidéo sur Snap et tout le monde l'a fait tourner. C'est devenu une star de YouTube. » Petit chapeau en feutre et t-shirt clamant « J'M'EN FOU », « Jaymax » attire près d'un demi-million de fans, avec des podcasts humoristiques sur « les mamans » dans les quartiers et leur rôle central dans l'éducation des gamins, ou, en mode humoristique, décrypte « les orgasmes d'Instagram », proportionnels au nombre de « J'aime » reçus.

Dans les quartiers de l'Ouest parisien aussi, c'est tendance de monter sa chaîne. Salma, 13 ans, explique qu'au collège Carnot, « de plus en plus d'élèves se lancent. Les garçons en font sur les jeux vidéo, les filles sur des clips en imitant les mannequins. Un gars avait même lancé sa chaîne de cuisine, c'était bien en plus, mais les autres l'ont traité de "gay", donc il a arrêté ».

Ces improvisations de chaînes qui dérivent en moqueries sont hélas assez fréquentes. Les amateurs qui tentent l'expérience récoltent alors une pluie de commentaires désobligeants, d'une dureté dont seuls les ados ont la clé. Samir, 13 ans, explique sa mésaventure : « En sixième, j'ai fait une vidéo YouTube où je chantais *Cosmo* de Soprano. Mais on s'est moqué de moi et j'ai eu des sales commentaires, comme “t’as une vieille voix avec ton t-shirt du marché”. Ça ne m’a pas fait plaisir, mais j’ai eu 12 000 vues… », relativise-t-il.

La web-popularité à bout de vidéo ? Pas si simple, surtout que le statut de YouTubeur tend à se professionnaliser en alliant l’écriture, la comédie, la réalisation, la production et le montage, selon l’explication de Cyprien Iov. « C’est le gros bordel », résume celui qui, à 27 ans, fait figure de dinosaure du secteur. Une multiplicité de casquettes loin d’être facile à gérer. Avec le risque que la notoriété ne s’évapore aussi rapidement qu’elle est arrivée. « Tout peut aller très vite, dans un sens comme dans l’autre, analyse la YouTubeuse beauté “Emma CakeCupe”, 21 ans, au *Monde*. Nous n’avons aucune sécurité, aucun contrat. Une nouvelle génération de YouTubeurs est en train d’arriver, dont certains ont 13 ou 14 ans. Nous devons sans cesse évoluer et nous renouveler. »

Dans ce paysage, certains tentent de « faire du buzz salement », remarque Ambre, 14 ans, en troisième à Mantes-la-Jolie, citant « Amine Mojito et sa copine Conne du *game* ». Ce jeune homme, apparu sur YouTube et divers réseaux sociaux à la mi-2016, s’est tissé une réputation en violentant des femmes. Avec une spécialité : se filmer en train de les frapper fesses nues, à coups de ceinture, de fer à lisser ou de baskets, avant de leur cracher sur la poitrine en beuglant « La keh à Mojito » (« keh » est l’abréviation de « kahba », soit « prostituée » en arabe). « J’ai fait mon buzz en fouettant des meufs jusqu’à ce qu’elles saignent », se vante-t-il dans une interview sur YouTube. *Sic*. Ces scènes d’humiliation totalisent des centaines de milliers de visionnages, même si les commentaires – adressés en majorité par d'autres adolescents – soulignent un profond dégoût. Au collège Pasteur de Mantes-la-Jolie, tous les collégiens ont vu ces vidéos, et évoquent avec gêne ce cocktail trash cul/violence.

Le divertissement frénétique

Si la vidéo est plébiscitée comme divertissement numéro 1 dans le portable des adolescents, YouTube n'est pas le seul canal. Une fois visionnées les courtes séquences des YouTubeurs, les ados se tournent vers les films et les séries. Encore une fois, pas sur la télévision. L'ordinateur, la tablette tactile et surtout le smartphone apparaissent comme de formidables fenêtres pour regarder un programme. Et leur meilleur ami s'appelle Netflix.

Cette plateforme américaine a lancé son offre il y a trois ans en France : moyennant un abonnement mensuel, l'utilisateur peut accéder en illimité, sur n'importe quel appareil, à des centaines de séries, films, de dessins animés et de mangas. Ce concept, dit de « vidéo à la demande sur abonnement », a depuis été dupliqué par de nombreux acteurs (dont Canal+ avec son CanalPlay), si bien que près de 8 % des foyers ont désormais sauté le pas, d'après une étude Ampere Analysis. Pour le plus grand plaisir des ados, accros au streaming.

Cette génération, parfois qualifiée du « tout, tout de suite » pour sa consommation culturelle, peut alors d'un clic se gaver de séries américaines jusqu'à plus soif. Une idée popularisée par Netflix comme le « *binge watching* », cette frénésie à enchaîner les épisodes de série. « C'est un vrai problème, commente Emma, Parisienne de 13 ans. Il y a plein de séries que j'adore et je les regarde en faisant mes devoirs. Mais je suis tellement prise que je n'arrive pas à travailler, je préfère suivre *Jane The Virgin* et *Orange Is the New Black* sur Netflix. »

Ce visionnage en rafale n'est toutefois pas né avec le streaming, mais avec le téléchargement illégal. Avant les années 2010, nombre d'internautes récupéraient les dernières séries par saisons entières sur des plateformes pirates dites de peer-to-peer (fonctionnant avec un téléchargement de pair à pair), pour ensuite les regarder sur leur ordinateur, en s'affranchissant du rythme de la télé qui ne diffuse qu'un nouvel épisode par semaine. Malgré l'entrée en vigueur de la loi Hadopi, l'autorité de lutte contre le téléchargement illégal, la pratique perdure : 12 % des 15-24 ans téléchargent des contenus pirates, affirme l'Association de lutte contre la piraterie audiovisuelle (Alpa). « Le soir, après dîner, je me pose devant l'ordinateur pour regarder des séries téléchargées », confie Antoine, Lillois de 15 ans. Océane, une Parisienne de 18 ans, appuie : « Quand je glande, je regarde une série ou un film. C'est mon père qui les télécharge. »

Le streaming partout, tout le temps

Loin d'être tous à l'aise avec le téléchargement illégal, les adolescents interrogés préfèrent le streaming. Tout aussi illégal d'ailleurs. En effet, des sites pirates se sont spécialisés dans la diffusion de séries et films, bombardant au passage des publicités pas vraiment licites. « Moi, je regarde des mangas animés, raconte Thomas, Parisien de 15 ans. Mais, c'est un peu chiant. Il y a beaucoup de pub porno… » La commodité de pouvoir regarder ses séries préférées en quelques clics, sur une simple requête Google accompagnée du mot « streaming », l'emporte.

« Finalement, mon ordinateur ne me sert qu'à travailler mes cours et regarder des films et séries sur des sites de streaming », réalise l'air candide Laura, 17 ans, de Grenoble. Si bien qu'en 2015, plus de 14 millions de Français ont consulté un site pirate, essentiellement les adolescents, 27 % des 15-24 ans se déclarant adeptes de ce genre de pratiques. L'Alpa déplore le fait que « ce fléau reste très élevé en France, mettant en péril la création audiovisuelle ».

Certains adolescents ont toutefois pris conscience de l'enjeu. « Les séries, je ne les regarde que sur Netflix, insiste Louis, Parisien de 16 ans. Je ne télécharge jamais, ce n'est pas éthique. » La plateforme permet de profiter de ses programmes directement sur le smartphone. Un clic sur l'appli, la série se lance, et les épisodes s'enchaînent. « Mes séries, je les regarde partout, assure Emma, 13 ans. Avant d'énumérer : Au lit, dans le canapé, dans le bain, aux toilettes… »

Et pour ceux qui préfèrent le large écran de l'ordinateur, le portable n'est jamais loin. Toujours à portée de main, il permet de commenter en direct auprès de ses amis ou de ses abonnés Twitter. « Quand je suis devant une série ou autre, j'ai toujours mon téléphone près de moi, confirme Antoine,

15 ans. Et parfois, je le regarde plus que l'écran. Par exemple, hier, j'étais devant *Prison Break* et j'étais tellement happé par ma conversation avec un pote que j'en oubliais la série. J'ai été obligé de revenir en arrière plusieurs fois. » Quand la discussion ne s'emballe pas, les ados aiment partager ce qu'ils visionnent : 65 % disent que tweeter un programme le rend « plus fun ».

Avant de pouvoir se ruer sur Netflix, il faut tout de même franchir une barrière : le prix. À partir de 8 euros par mois, l'abonnement aux plateformes de ce type n'est pas à portée de toutes les bourses. Et il n'est pas toujours facile de convaincre les parents de s'engager, alors qu'ils payent déjà les abonnements téléphoniques et Internet. Certains deviennent donc des champions des bons plans. Anes, 14 ans, tête de rusé et grand sourire, explique : « Il suffit de profiter du mois d'essai gratuit de Netflix. Le premier mois, tu le fais avec la CB [carte bancaire] de ton père, puis tu désinstalles tout, et tu recommences avec celle de ta mère. » Malin, mais contraignant. D'autres préfèrent parlementer pour négocier un abonnement mutualisé au sein de la fratrie, histoire de diminuer la facture. « On partage Netflix avec mon grand frère, raconte Fatimata, 14 ans. Moi, je regarde des séries le matin pendant mon petit déj', lui le soir. »

CHAPITRE 5

Le téléphone, console de jeux vidéo

« Quand tu galères, t'es systématiquement sur ton téléphone. Donc, quand tu t'ennuies, tu joues. » Dounia, 13 ans, est typique de sa génération : les jeux vidéo ne sont plus réservés aux *hardcore gamers*, ces pros de la manette, stéréotypés en boutonneux introvertis. Désormais, tout le monde joue. Mais pas tous les jours, pas tout le temps. Il y a ceux qui, comme Emma, 13 ans, ont un dossier « jeux » sur leur téléphone, « mais c'est juste pour les transports ». Ou ceux, comme Manon, 11 ans, qui « joue un peu quand [elle] arrive en avance au collège ». Et puis les autres qui, comme Maxime, 13 ans, profitent toujours de la pause du midi « pour une petite partie de *Clash Royale* ou de *Wave Wave*. » Une somme de joueurs, plus ou moins occasionnels, qui aiment picorer 5 à 10 minutes de divertissement sur écran. Une manière de passer le temps, de tromper l'ennui.

« La pratique du jeu vidéo permet de réinventer le quotidien, c'est-à-dire de recomposer les routines à la fois dans leur dimension spatiale et temporelle, analysent le géographe Hovig Ter Minassian et le sociologue Manuel Boutet. Jouer dans les transports, dans l'espace public, c'est se jouer du « système spatial ou urbanistique », poursuivent-ils en citant le géographe Guy Di Méo.

Au total, 95 % des 10-14 ans et 91 % des 15-18 ans jouent régulièrement, d'après le Syndicat des éditeurs de logiciels de loisirs (Sell). La propension tend ensuite à décroître avec l'âge, mais une chose demeure : l'importance croissante des jeux sur mobile. Le récent carton de *Pokémon Go* en témoigne. Ce jeu propose de parcourir les rues pour attraper des petits monstres, et les amener à combattre dans des arènes contre ceux d'autres joueurs. Basique ? Certes, mais cette piqûre de rappel du phénomène Pokémon (titre populaire sur GameBoy sorti en 1999, ensuite adapté en dessin animé et en cartes à jouer) a su attirer les foules. 45 millions de joueurs à son plus haut niveau, rapportant 500 millions de dollars en à peine 60 jours.

Avec ce succès, *Pokémon Go* s'est imposé parmi une poignée de jeux vidéo incontournables sur les portables des enfants (et parfois de leurs parents) : *Candy Crush*, *Clash Royale* et sa déclinaison *Clash of Clans*, *Slither*, et *Puzzle & Dragons*. Des applis qui rapportent des millions à leurs créateurs, et qui soulignent au passage le poids de cette industrie. En France, elle affiche un chiffre d'affaires de 3,4 milliards d'euros, la propulsant au deuxième rang de l'industrie culturelle derrière le livre. Et la démocratisation du portable avec ses mini-jeux n'y est pas étrangère, puisque désormais le jeu vidéo passe dans 50 % des cas par le smartphone.

La sociabilité par le jeu vidéo

Pour jouer, les ados n'hésitent pas à braver les interdictions, en particulier au bahut. Pour tuer le temps, et parce que les parties sont toujours meilleures, partagées avec des amis. Lina, 12 ans, en cinquième à Neuilly-sur-Seine, raconte ainsi qu'avec ses copains, ils « s'enferme[nt] dans les toilettes pour jouer, en particulier à *Clash Royale.* » Quentin, 17 ans, en terminale à Paris, va lui jusqu'à jouer en plein cours, sous les yeux amusés de ses potes : « Quand j'en peux plus, que le cours s'éternise, je sors mon portable discrètement et je joue à des jeux vidéo, surtout de foot [comme *Fifa*].»

Mais les plus accros vont, en plus du mobile, apprécier une partie sur grand écran. Sur la télévision, mais surtout sur l'ordinateur. Il y a ceux comme Enzo et Quentin, tous deux Parisiens de 17 ans, qui « utilisent Facebook pour les mini-jeux » intégrés au réseau social. Il y a aussi les plus pointus, comme Thomas, 15 ans : « Je suis un vrai *gamer.* Tous les soirs avant et après le dîner, je joue à *War Thunder*, une simulation de chars et d'avions. Et en même temps, je discute avec mes amis sur un tchat pour *gamers* – Team Speak – où on fait des commentaires sur le jeu et beaucoup de blagues. On parle rarement de sujets liés au monde réel. »

Effectivement, s'il est un point commun à tous ces jeux pour ados, c'est qu'ils permettent aux joueurs de communiquer entre eux. Ils se doublent d'une fonction communication entre passionnés. Sur PC, console ou smartphones, ils peuvent jouer ensemble et échanger directement à la voix. Avec leurs amis du bahut, leurs cousins, ou parfois des inconnus, ils se regroupent en équipes, liés par la volonté commune d'atteindre le but du jeu, d'être les meilleurs. « Ces "clans" et ces "guildes" ont leurs propres sites, où les membres et visiteurs se retrouvent en dehors de l'espace strict des jeux [...] mais affichant une socialité communautaire : un pour tous dans le groupe ; tous contre les autres au dehors », résument l'ethnologue Michel Nachez et le psychosociologue Patrick Schmoll.

Ces échanges entre joueurs amis d'âge similaire, bien souvent réalisés le soir, dans l'intimité de la chambre à coucher, sont aussi l'occasion de débriefer la journée au bahut, d'évoquer les relations amoureuses et la sexualité. « Sur *Clash of Clans*, je joue avec mon frère et des amis à lui, explique Bastien, Bordelais de 16 ans. On parle du jeu, mais évidemment que ça nous arrive de parler de cul... » Mathias, 15 ans, de Vanves, est lui un fanatique de *Call of Duty*. « Tous les soirs, [il] retrouve [s]es potes connectés » pour quelques parties à distance, casque et micro vissés sur la tête. Et, entre deux parties, le temps du chargement, ils ramènent la discussion sur ce qui se passe au collège, en particulier avec « les filles ».

Une « sous-culture » ?

Au-delà de son caractère divertissant, le jeu vidéo est lui aussi un point de crispation entre ados et adultes. « Quand les parents ont des difficultés dans l'éducation de leurs enfants, le sujet du portable et des jeux vidéo revient de manière systématique, confirme Anne-Catherine Baseilhac, coach en développement personnel. Il y a une forte appréhension des parents du décrochage scolaire de leurs enfants, sûrement lié à un contexte de fort chômage des jeunes. Et dans l'imaginaire, téléphone et jeux ne vont pas aider à avoir de bons résultats. »

Sauf que si. Une enquête de l'Organisation de coopération et de développement économiques (OCDE) affirme que les élèves qui jouent (modérément et seuls) à des jeux vidéo obtiennent de meilleurs résultats en mathématiques, en compréhension de l'écrit, en sciences et en résolution de problèmes. « Il est aujourd'hui démontré que les jeux de vitesse augmentent la coordination oculo-manuelle entre les mouvements des doigts et ce qui est perçu à l'écran ; ceux de tir améliorent les aptitudes spatiales et la gestion de l'attention ; quant aux jeux collaboratifs, ils mettent en œuvre la planification et la stratégie », souligne même le psychologue Jacques Grégoire, dans *La Croix*.

Mais les parents ne l'entendent pas toujours de cette oreille. Prisonniers parfois des clichés relayés par certains médias, ils ne voient en ces jeux que « violence » et « addiction ». Cela n'a évidemment rien de propre au plaisir vidéoludique, chaque « nouveau » média a connu ce genre de dévalorisation de la part des autorités parentales. Au début des années 1930, l'écrivain et membre de l'Académie française Georges Duhamel critiquait [1] ainsi vigoureusement le cinéma, qualifié de « passe-temps d'illettrés ». De même, la bande dessinée a dû attendre les années 1960 pour cesser de n'être considérée que comme une sous-culture à destination des enfants. Le jeu

1. Georges Duhamel, *Scènes de la vie future*, Mille et Une Nuits, 2003.

vidéo suivra-t-il le même parcours ? Certainement. D'ailleurs, une nouvelle génération de parents partage plus volontiers certains jeux vidéo avec ses enfants : 65 % des parents déclarent jouer avec eux. Ils trouvent là une opportunité d'activité en commun (à 59 %), mais revendiquent aussi un plaisir assumé (à 39 %).

La crainte de violence et d'addiction

Reste que 88 % des parents se disent très attentifs au type de jeux achetés et au temps passé. L'inquiétude face à une trop grande exposition à la violence provient sûrement du fait que les jeux d'action et de tirs sont ceux qui séduisent le plus : pratiquement quatre fois plus que ceux de sport. Si bien que les jeux « déconseillés aux moins de 18 ans » se retrouvent en tête des ventes. Dès le collège, plus de huit garçons sur dix ont déjà joué à des titres classés PEGI 18, c'est-à-dire déconseillés aux mineurs. La licence ultra-populaire de tirs *Call of Duty* dépasse ainsi quasiment à chaque nouvel opus le million d'exemplaires vendus en France.

On comprend l'inquiétude des parents et, pourtant, différentes études insistent sur le fait que « les adolescents font généralement la différence entre la fiction du jeu et la réalité quotidienne, rassurent Michel Nachez et Patrick Schmoll [1]. La violence est

1. Michel Nachez et Patrick Schmoll, « Violence et sociabilité dans les jeux vidéo en ligne », *Histoire et Sociétés, alternatives économiques*, 2003.

cantonnée dans les limites de l'arène virtuelle et dans le temps que dure la confrontation. [...] La figuration et la mise en scène de la violence, aussi bien que la violence vécue dans le jeu, ne provoquent pas de débordements et de dérives sociopathes dans la réalité, mais sont au contraire le prétexte d'une sociabilité, un moyen ludique de se conformer à un savoir vivre ensemble, dans la réalité autant qu'au sein du jeu. »

Une étude française réalisée en 1994 a conclu que les plus gros consommateurs de jeux vidéo sont souvent les meilleurs élèves, et que le jeu ne perturbe pas leurs résultats scolaires. Même chose pour une étude américaine sur le jeu ultra-violent *Mortal Kombat*, pour lequel on a pu observer que ses joueurs se révèlent plus coopératifs, voire plus aimables que les autres. Le jeu serait ainsi un outil « d'inversion de la réalité », c'est-à-dire un moyen de canaliser et laisser s'exprimer ses pulsions violentes, pour renforcer son moral, rétablir sa confiance en soi, réduire ses tensions, et obtenir finalement un meilleur équilibre. En somme, un bon moyen de se défouler pour mieux gérer ses conflits intérieurs, particulièrement prégnants à l'adolescence.

Si les jeux violents, et en particulier les « FPS » (pour jeu de tirs où le joueur voit à travers les yeux de son avatar), sont décriés, la critique dérive rapidement sur la peur de « l'addiction ». « Le potentiel addictogène d'un jeu est lié au plaisir qu'il procure, estime le psychologue Laurent Bègue dans *La Croix*. Interviennent les qualités graphiques et techniques, mais surtout le caractère collectif, car lorsqu'un joueur arrête sa partie, les autres continuent la leur. »

Une étude de l'Observatoire français des drogues et des toxicomanies (OFDT) affirme ainsi que 14 % des élèves répondent à au moins quatre critères d'addiction aux jeux vidéo, « penser toute la journée au jeu », « négliger d'autres activités pour jouer », ou « se disputer avec l'entourage à propos du temps passé à jouer ». Toutefois, l'OFDT précise bien que « la pratique excessive de jeu vidéo est souvent liée à un défaut de surveillance et de sollicitude parentale », les ados évoquant le fait de « ne pas parler facilement à leurs parents ni trouver du réconfort auprès d'eux ».

Pas plus toxique qu'un livre

On ne peut nier que certains adolescents fragiles peuvent s'y enfermer pour fuir une réalité douloureuse. Mais le jeu n'explique pas à lui seul la situation de l'enfant. Il devient un divertissement, une échappatoire, un moment de détente, voire un refuge. L'adolescent a toujours fait appel à des figures héroïques, que ce soit pour s'identifier dans la rébellion de l'ordre établi ou pour le plaisir, et ce depuis la création de figures comme Moïse ou Œdipe qui ont accompagné l'infantile vers le pubertaire.

C'est encore une fois aux parents d'intervenir pour encadrer la pratique afin que le plaisir ne prenne pas le pas sur d'autres activités, qu'elles soient scolaires ou sociales. « Moins le contrôle parental est présent et plus les excès sont prégnants, surtout dans les familles monoparentales et recomposées, sur des jeux principalement en ligne, affirme[1] le psychologue Thomas Gaon. Toutefois, les effets délétères de [ces excès] sont davantage la conséquence de l'inactivité, avec l'isolement, l'appauvrissement relationnel et intellectuel, la perte de compétences sociales, de l'estime et de l'affirmation de soi, de la motivation, ainsi que de l'endurance à la douleur et à l'effort – tant physique que psychique –, avec des problèmes de procrastination et d'intolérance au vide. » Il rappelle néanmoins que dans la plupart des cas « l'utilisation du jeu vidéo sert finalement à la diminution des dépressions et des angoisses de faible intensité ».

Les excès existent bien mais restent assez rares. La Guilde, réseau clinique sur les jeux vidéo, a dressé le profil du joueur à excès type : il s'agit d'un homme de 20 ans qui vit chez ses parents, déscolarisé, sans activité ou en situation de décrochage. Il joue en majorité à des MMORPG, ces jeux de rôle en ligne massivement multijoueurs. Sa pratique excessive se traduit par un état dépressif dans 52 % des cas, et se voit surtout associé à des difficultés scolaires (33 %), à la séparation des parents (28 %) ou à un déménagement (19 %). Ce qui se traduit dans les motivations évoquées : le « refuge » du jeu vidéo (52 %), la renarcissisation (43 %), l'oubli (40 %), l'apaisement (31 %), la stimulation (31 %). « Dans le jeu pathologique, [...] l'activité de jeu devient compulsive et dissociée, confirme le psychiatre, psychanalyste et psychologue Serge Tisseron sur son blog. Le joueur ne joue plus par plaisir mais pour fuir un déplaisir.

1. Thomas Gaon, « De quoi l'addiction aux jeux vidéo est-elle le nom ? » *La lettre du Respadd*, n° 17, janvier 2014.

Le jeu devient un refuge. » Avant de conclure : « La toxicité des jeux vidéo existe bel et bien. Ni plus ni moins importante que celle du livre ou d'une activité sportive pratiquée sans freins ni précautions. »

CHAPITRE 6

Le téléphone, voie d'accès aux médias

Du matin au soir, des notifications défilent sur le téléphone, au rythme de « clings » agaçants. Il se passe toujours quelque chose de neuf sur les « fils d'actualités ». Dans cette logique d'échanges horizontaux entre ados, comment s'inscrit l'accès à l'information au sens médiatique, par essence beaucoup plus vertical ? Pour ces citoyens de demain, elle passe encore et toujours par les réseaux sociaux.

La question « Comment vous informez-vous ? » les laisse pantois. « Ben, sur Facebook, Twitter, Snap et Insta, répond du tac au tac Oumou, 13 ans. Seulement s'il se passe des choses graves, on jette un œil à BFM TV, avec les parents. » Le canal de l'info, ce sont Facebook, Twitter et YouTube. « Vous, vous regardez TF1, nous c'est Facebook !, tranche Ambre, 13 ans. Les infos vont plus vite qu'à la télé. » Une de ses camarades de classe embraye : « Quand mon père me demande ce que je fais encore sur mon téléphone, je lui dis, "toi tu es sur BFM TV, eh bien moi je regarde mes infos". »

Une étude de l'institut Pew Research sur les jeunes Américains en vue de la campagne présidentielle

2016 a illustré ce changement d'époque : 61 % disent obtenir des informations d'ordre politique sur Facebook, contre 37 % pour la télévision. Une proportion parfaitement opposée à celle des *baby-boomers*, pour lesquels la télé représente pour 60 % une source d'infos politiques, contre 39 % pour Facebook.

Pot-pourri d'actu

« L'actualité du monde entre chez eux par effraction et non volontairement », précise la sociologue Monique Dagnaud [1]. Par effraction, puisque la presse « classique » est peu à peu abandonnée par ses lecteurs, en particulier les plus jeunes. Selon une étude du ministère de la Culture, les 15-24 ans ne sont que 10 % à lire les journaux « papier », 13 % à écouter la radio et 68 % à regarder le JT, bien souvent sous la contrainte familiale. D'où la problématique des entreprises de presse : comment faire revenir ces moins de 25 ans ? Le salut est dans le numérique.

À raison, puisque 77 % des 18-24 ans disent s'informer dorénavant sur Internet. Les groupes de presse français investissent Facebook, Twitter, Instagram, YouTube, et même Snapchat. Les marques de médias créent des pages où du personnel dédié (les *community managers*) relaie chaque jour les articles publiés en ligne, avec l'espoir d'attirer ce public. Une étude de l'institut Pew Research sur les pratiques des jeunes Américains met en avant leur propension à

1. Monique Dagnaud, *Le Modèle californien*, op. cit.

lire un article de presse partagé sur un réseau social (26 % le font souvent, 54 % parfois). Toutefois, ils sont peu nombreux (16 %) à aimer ces articles, à les commenter ou à les partager à leur tour.

Sur Snapchat, seuls quelques titres sélectionnés peuvent partager leurs contenus. Mais l'enjeu est de taille, sur les 8 millions d'utilisateurs français de l'appli, plus de la moitié a moins de 25 ans. Cela représente une audience plus importante que le nombre de téléspectateurs du JT de TF1 ! Des titres comme *L'Équipe* et *Le Monde* revendiquent ainsi attirer respectivement 400 000 et 200 000 lecteurs chaque jour, rapporte *Le Figaro*. C'est moins que le site dédié aux ados Melty – qui se targue de un à deux millions de visiteurs quotidiens – mais cela illustre le pouvoir d'attraction sur des lecteurs potentiels.

Avec ces nouvelles initiatives des groupes de presse, les réseaux sociaux ressemblent de plus en plus à des pots-pourris d'actualités aussi bien nationales, personnelles, qu'insignifiantes. Si de rares titres réussissent tout de même à fidéliser certains jeunes, ils ne parviennent pas à les faire passer en caisse pour lire en payant. C'est ce qui ressort de la pratique de Louis, 16 ans : « Facebook est le réseau social que j'utilise le plus, principalement comme une source de documentation. Ça me permet de dénicher des articles que je vais lire et partager. Je suis abonné à des médias comme *Le Monde*, des pages parlant de jeux vidéo, des pages marrantes comme Bright Side... Quand un article a l'air intéressant, je clique et je lis jusqu'au bout. Par contre, je ne vais pas sur les pages de médias, jamais sur lemonde.fr. Et quand c'est payant, je ne lis pas. »

S'abonner ou acheter un journal, voilà une pratique qui leur est totalement étrangère. « Les adolescents préfèrent dépenser leur argent de poche ailleurs, confirme François Dévaud dans un mémoire sur le sujet. Le côté pratique prime. Pourquoi payer quand on peut avoir gratuitement ? » Et encore plus que la presse gratuite, rien de mieux que les réseaux sociaux. Pourquoi acheter un magazine féminin, quand il suffit de suivre stars et mannequins sur Instagram pour être au fait des derniers ragots et des meilleurs looks ?

Une logique dont s'emparent d'ailleurs certaines marques, nées sur Instagram. C'est le cas de la ligne de sweats et t-shirts street A Au Carré, qui a débuté sur le réseau social et vu sa popularité gonfler grâce au bouche-à-oreille des ados. Depuis, ces coupes simplissimes et son logo au carré rouge sont devenus des best-sellers dans les collèges parisiens. Si bien que son créateur vient d'ouvrir une boutique physique, « à l'ancienne » dans le 2e arrondissement parisien.

La lecture n'est plus sexy

« Leur consommation des médias est très différente de celle des adultes, constate François Dévaud. La presse écrite papier est devenue désuète pour les adolescents. Leur boulimie d'informations est paradoxale car ils s'informent de moins en moins et privilégient des médias à faible valeur ajoutée. On peut résumer ça en un mot : l'érosion informationnelle. »

C'est d'autant plus vrai que, pour eux, lire des journaux, c'est comme lire des livres. Or, cette pratique solitaire est considérablement dévaluée depuis l'arrivée de la culture de masse dans les années 1980, comme le pointe la sociologue Dominique Pasquier [1]. Elle n'est plus, comme jadis, un marqueur distinctif pour être reconnu par ses pairs. Pis, la lecture peut faire barrage au développement de liens forts avec ses amis, perçue comme une activité chronophage et laborieuse, difficile à jumeler à une sociabilité numérique qui réclame une connectivité de tous les instants.

Le boom de l'info sur smartphone s'est par ailleurs inscrit dans un contexte entièrement nouveau. En 2007, la professeure de psychologie sociale Sonia Livingstone avait défini la « *bedroom culture* » (« culture de la chambre à coucher ») des adolescents : ces pratiques étroitement liées à la vie privée et à la construction de soi qui ont pour cadre l'intimité de la chambre. Sauf qu'avec l'explosion des portables, tous les usages sont désormais nomades, et les ados peuvent consommer toutes sortes d'infos, à tous les coins de rue. Avec une conséquence fondamentale, soulignée par les sociologues Patrick Amey et Sébastien Salerno : « L'autonomisation [de l'adolescent], mais dans des espaces publics cette fois (transports en commun, enceinte des établissements scolaires, etc.). »

---

1. Dominique Pasquier, *Cultures lycéennes. La tyrannie de la majorité*, Autrement, 2005.

La fin de l'attachement au journal

Les quotidiens, hebdomadaires et magazines sont les premières victimes de ces nouveaux comportements. Même leurs sites d'actualité peinent à attirer les moins de 20 ans. Si bien que l'attachement qu'avaient leurs aînés à un journal précis ne se retrouve plus dans leur génération. C'est l'événement qui guide vers un média plutôt qu'un autre, au gré, parfois, des algorithmes de remontée sur Google ou Facebook. « Pour l'actualité, je me fais confiance, assure Thomas, 15 ans. Je vais faire des recherches sur Internet uniquement sur des événements précis, dont j'ai entendu parler. C'est aussi que j'écoute beaucoup la radio : France-Info, Radio Classic, FIP et NRJ. J'écoute la radio la journée dès que je m'ennuie, quand je vais au collège à pied, et le soir avant de m'endormir. »

Margaux, 16 ans, est du genre à « aimer » de nombreuses pages Facebook de médias : « Je suis plein de sites d'infos, comme *Le Monde*, *Le Parisien*, *L'Obs*, *Society*… » Mais il ne s'agit pas pour autant de sa principale source d'informations. « Quand je veux vraiment m'informer, je vais sur Google Actu. Comme ça, j'ai tout sur un sujet, explique-t-elle. Parfois, je vais aussi sur Twitter, c'est pas mal pour avoir des informations instantanées. »

Cette circulation de tous types d'articles de presse au milieu du fil d'actu de Facebook ou Twitter par exemple, mêlant les dernières photos de soirée à l'info nouvelle sur une relation amoureuse, pose des questions en matière de fiabilité. Le bouche-à-oreille numérique est efficace pour véhiculer des nouvelles, même celles qui pèchent par leur manque de sérieux. Les attentats français ont ainsi mis en lumière la vitesse accrue de propagation de l'information. Le soir du 14-Juillet, Sophie, 14 ans, était à Paris et regardait le feu d'artifice de sa fenêtre. « J'étais au téléphone avec une copine, quand elle a vu sur Facebook qu'il se passait un truc à Nice, alors je suis allée voir. » En quelques secondes, elle est alors tombée sur des échanges balbutiants évoquant un attentat et de nombreux morts, et une vidéo Periscope montrant en direct des cadavres étendus sur la promenade des Anglais.

La rumeur à la vitesse du clic

Dénichée en quelques clics, l'info n'en est donc pas fiable à tous les coups. Une fois encore, lors des attentats, le déferlement de rumeurs s'est accéléré, avec son lot de fausses informations, ou même de désinformation à visée politique et/ou complotiste. « Snapchat, c'est le média de la petite information, tranche un prof de lettres d'un collège de Seine-Saint-Denis. Le matin, les gamins sont en conversation là-dessus avant les cours, le soir, ils reprennent la discussion, c'est un circuit fermé. C'est le lieu privilégié pour les rumeurs. Il faut essayer d'en parler, pour casser ça, mais c'est compliqué car cela reste une vraie zone d'ombre. »

La meilleure illustration est peut-être cette « chaîne » de désinformation qui a circulé un temps sur Snapchat entre collégiens français. On y affirmait que François Hollande s'apprêtait à supprimer deux semaines de vacances d'été. La capture d'écran d'un long message écrit, pratiquement sans aucune faute d'orthographe, avait alors été largement partagée, appelant à un sit-in dans leur établissement le temps de la récré. Lucie, 14 ans, l'a relayée à tous ses amis Snapchat. « Je l'ai reçue d'un ami et je l'ai fait tourner, affirme-t-elle. Oui, je crois que c'est vrai. » Le message faisait en réalité référence à une proposition de mars 2012 de François Hollande, alors candidat à la présidentielle, qui évoquait un raccourcissement des journées des élèves et peut-être des vacances, mais qui n'a finalement jamais été mise en place.

Stéphane Clerget explique l'origine de ce travers, par la sursollicitation des ados : « Les applications entraînent inconsciemment une survalorisation de la socialisation et du flux continu d'informations sans intérêt, les *gossips* [les ragots, NDLA]. Les jeunes n'arrivent plus à hiérarchiser ce qui est vraiment important et ce qui ne l'est pas. » Un point relevé par une étude de l'institut Pew Research sur les adolescents américains, qui souligne la difficulté plus grande que pour leurs aînés à classer par ordre de fiabilité des sources d'info (du *New York Times* à Yahoo en passant par BuzzFeed ou Slate). Le succès ces dernières années des « sites d'informations parodiques », à l'image du Gorafi, basé sur le modèle américain de The Onion, n'est peut-être pas étranger à ce problème. Avec des présentations impeccables, ressemblant comme deux gouttes d'eau à des sites de presse véritables, ces sites potaches multiplient les articles-boutades, rebondissant sur les dernières nouveautés. Si bien que les reprises de fausses informations au premier degré, de Christine Boutin à Jérôme

Cahuzac, se sont multipliées. « Ces journaux manient la parodie avec brio et c'est au lecteur de prendre le recul nécessaire pour démêler le vrai du faux », résume HoaxBuster, site spécialisé dans la lutte contre la propagation de rumeurs sur le web.

La problématique s'est d'ailleurs imposée à tous après l'élection de Donald Trump, lorsque plusieurs médias américains ont pointé que de très nombreuses rumeurs favorables au candidat républicain ont largement circulé sans filtre sur les réseaux sociaux, en particulier Facebook. Si Mark Zuckerberg défend son bébé de toute influence dans le résultat de l'élection présidentielle américaine, il propose toutefois à ses utilisateurs de signaler une « fausse actualité » et planche sur un algorithme capable de détecter automatiquement les articles diffusant canulars et autres théories du complot. Mais il « reste [encore] beaucoup de travail ». « C'est très encourageant pour les journalistes, car cela montre qu'ils ont un vrai rôle de médiateur pour éclairer le lecteur dans ce flot continu d'infos », analyse dans *20 Minutes* l'historien des médias Christian Delporte.

Conseil aux parents :
Éduquer sur les fausses informations

« Il est des choses que l'on finit par croire à force de les entendre répéter », disait Montesquieu. Toutes les informations qui circulent sur Internet (donc aussi sur les réseaux sociaux) ne sont pas vraies, bien au contraire. Les plus jeunes doivent apprendre à se méfier de ce qu'ils peuvent lire en ligne, même sur Wikipédia. Et en cas de doute pour un devoir, les bons vieux dictionnaires et encyclopédies sont toujours là.

Le besoin de vérification

Mais même si la pratique du « *fact-checking* », c'est-à-dire de la vérification des informations circulant dans les discours politiques et d'experts, s'est étendue à toutes sortes d'actualités (comme l'illustrent les rubriques Désintox de *Libération* et Les Décodeurs du *Monde*), de nombreux blogs se sont mis, à l'image des sites parodiques, à relayer de fausses informations, avec des visées antisémites, complotistes, ou encore pour promouvoir l'occultisme. Et cette « complot-sphère » (ses partisans préfèrent le terme de « réinfosphère ») s'est elle aussi déchaînée en marge des attentats.

Dans les classes, il a fallu réagir. Les enseignants se sont mobilisés pour éviter que leurs élèves ne tombent dans le panneau. Depuis l'attentat de *Charlie Hebdo*, ils abordent régulièrement la question de la recherche d'actualités en ligne. Comment rechercher de l'information ? La vérifier ? Autant de questions qui permettent de tordre le cou aux multiples théories du complot qui se colportent dans les écoles. « Le lundi suivant les attaques du 13 novembre 2015, on a parlé de ce qu'il venait de se passer et des modes d'obtention des informations, de la fiabilité relative des réseaux sociaux », raconte une prof d'histoire-géographie d'un collège de Suresnes. Les enseignants ont dû, à la demande de leurs élèves, recontextualiser les événements. « Ils manquent en général de recul, ils apprennent des choses sur les réseaux et testent la véracité sur nous », explique une enseignante de lettres de Créteil. « On parle de Facebook et de YouTube, qui diffusent des théories du complot à n'en plus finir, confirme un autre d'Aulnay-sous-Bois. Au début, ils pensent que je vais adhérer à ces thèses puis assez vite, ils sont très curieux de voir comment je vais les démonter. Je leur apprends aussi à lire le journal. Ce matin, encore, dans une classe de sixième, j'ai dû démonter la plus mignonne théorie du complot du monde : “monsieur les sirènes existent vraiment !” m'a dit d'un ton moyennement assuré une de mes élèves. »

Pourtant, les ados sont tout sauf naïfs. « Sur Facebook, je suis les actus de *L'Équipe*, du *Monde* et de *L'Obs*, annonce fièrement Enzo, 17 ans. Mais pour s'informer vraiment, ce n'est pas très utile. Twitter est beaucoup mieux. En général, les infos y sont une demi-heure avant les chaînes d'info. Même s'il y a beaucoup de conneries… » Une étude Pew Research sur les adolescents américains révèle qu'ils se méfient à peu près autant que leurs aînés de certaines sources (même si celles mises en doute ne sont pas nécessairement les mêmes que leurs parents ou grands-parents).

D'où le réflexe, qu'ils ont acquis progressivement, de recouper. Quand une info intéressante tombe sur un réseau social, ils s'empressent d'aller la vérifier en la recherchant sur Google pour dénicher d'autres sources qui vont préciser ce qu'ils ont pu lire.

« L'autre jour, j'ai vu sur Instagram une publication qui portait sur la polémique du jogging à l'école, raconte Sophie, 14 ans. Eh bien, pour me renseigner, je suis allée faire des recherches sur Internet. » Elle a ainsi pu voir qu'un lycée des Yvelines avait décidé d'interdire ces bas de sport dans son enceinte, mesure polémique mais isolée.

CHAPITRE 7

Le téléphone pour draguer

C'est le genre d'incident qui met le parent terriblement mal à l'aise. Regarder l'heure sur le portable de son enfant de 13 ans et tomber sur un message, resté en page d'accueil : « Comment ça va mon amour ? » Avant, au temps préhistorique du sans portable, quand on voulait déclarer sa flamme à un copain du bahut, on envoyait sa meilleure amie ou son pote, *missi dominici* porteur de la formule tarte et mignonne : « Tu ne veux pas sortir avec mon ami(e) ? » Ça, c'était avant. Les portables ont révolutionné les petits jeux de séduction.

Du coup d'œil au message

Rien de tel que le repérage de terrain. Cela reste une constante à ces âges, échanges de regards et premiers battements de cœur se produisent presque toujours dans la vraie vie. Le téléphone intervient quand on veut ouvrir le dialogue. Les ados sont assez unanimes, le plus simple reste de passer par Facebook, en particulier quand on n'a pas le 06 de l'être cher.

Alexandre, 17 ans, vivant à La Réunion, explique sur un ton professoral : « On commence par faire connaissance en s'échangeant des messages, par SMS si tu as chopé son numéro, sinon par Messenger après l'avoir ajoutée sur Facebook. »

Quentin, Parisien de 17 ans, confirme, l'air de ne pas y toucher : « Je ne suis pas un expert en drague, mais ça passe d'abord par Messenger. C'est plus simple, tu peux trouver la personne par son nom. » L'appli Messenger devient le meilleur outil du dragueur qui peut écrire en temps réel des mots doux, agrémentés d'émojis ou d'images animées rigolotes, tout en profitant de l'indication précise si son écrit a été lu… ou pas. Laura, Grenobloise de 17 ans, petite brune à l'air candide, renchérit : « On se fait surtout aborder par des amis du lycée, ou des amis d'amis. Plutôt sur Messenger que sur Snapchat, où il faut connaître le pseudo de quelqu'un pour l'ajouter, à supposer qu'il le fasse. »

Sur les réseaux sociaux, les ados se sentent en confiance, dans un cercle de connaissances déterminé. Monique Dagnaud explique comment ces réseaux « ménagent un sas d'approche avant l'éventuel face-à-face. Au plus loin des sites de rencontres, où règne une abondance de candidats sélectionnés à partir de critères, Facebook [ou Snapchat] offre[nt] un lieu de familiarité : l'adolescent interagit avec des personnes qui partagent un univers de sociabilité commun. [Ils] opère[nt] comme un sas à partir duquel on peut tenter une approche, envoyer un petit clin d'œil, évaluer ses chances de plaire, faire passer un message par un tiers ou tenter de l'approfondir. » Et de reprendre la conclusion d'un groupe test interrogé au sein des Apprentis d'Auteuil : « On repère dans la vie réelle, par message, on établit une relation de proximité, puis on peut se rencontrer, éventuellement. »

Sur Messenger, comme dans les lettres d'amour d'autrefois, les ados apprennent peu à peu à se connaître, se dévoilent. À la différence que tout est instantané. Le téléphone permet une connexion permanente entre les deux tourtereaux, jour comme nuit. « Ça se rapproche beaucoup la nuit, raconte Lina, 12 ans. Le garçon essaye de faire ami-ami… » Quitte à ce que la drague connectée prenne le pas sur le sommeil. « Ça arrive que je passe la nuit à discuter par SMS avec un garçon », confie Louisiane, Cannoise de 16 ans.

Tout est dans l'émoji

Globalement, ces conversations sont plutôt ordinaires. Deux personnes se tournent autour et, quand le courant passe, il y a des signes qui ne trompent pas. Exit les codes des lettres de George Sand à Alfred Musset, les ados préfèrent les émojis. Le petit visage qui rougit des pommettes est bien pratique pour dire en virtuel qu'on est en train de piquer un fard. Et dans le registre amoureux, il y en a toute une palette : le chat et le smiley aux yeux cœurs, le cœur exclamation, la bague de fiançailles, les étoiles qui scintillent, le brasier, la petite langue, le sigle interdit aux moins de 18 ans, l'évocatrice aubergine, etc. Enzo, un gaillard de 17 ans, explique : « Il y a certains émojis qui veulent dire quelque chose, comme celui qui fait un bisou ou ceux avec des cœurs. Après, c'est plus la façon dont on se parle qui aide à faire comprendre. »

Mais la vérité n'est pas (que) dans les émojis. Les ados ont appris à s'en méfier. « Il y a des gens qui utilisent beaucoup d'émojis, d'autres très peu, constate Margaux, Bordelaise de 16 ans. Je pense qu'il ne faut pas trop se fier aux émojis. » Pour elle, pas besoin des petits visages, « à un moment ça devient logique. C'est souvent le moment où la discussion devient gênante ». Océane, Parisienne de 18 ans, a aussi ses signes qui ne trompent pas : « D'abord la personne vous demande comme ami sur Facebook et on guette si elle like une photo ou envoie un message. Il est difficile de détecter si on lui plaît, mais certains détails ne trompent pas : s'il écrit le premier message ou s'il revient sans cesse à la charge. »

Beaucoup moins utilisées qu'elles ne l'étaient il y a ne serait-ce qu'un an, les applis de *gossip*, comme Ask.fm, permettent aussi d'avancer masqué, en posant toutes sortes de questions ou en interpellant de façon anonyme : « Tu es trop, trop trop beau », « Askiip tu sors avec Lalie ? » C'est une caractéristique frappante, surtout chez les plus jeunes : ils n'aiment pas l'anonymat quand il s'agit de leur vie intime. Et comme l'application le permet, ils demandent très vite à ce que le séducteur masqué décoche la case « ano » (pour « anonyme »), et révèle son identité.

En sus des réseaux, les ados passent aussi beaucoup par les SMS. Bénis soient les forfaits illimités ! Dès que les 06 ont été échangés, les discussions se prolongent dans l'intimité des messages textuels plus classiques, feutrés et ne nécessitant pas de connexion Internet. « La drague, ça passe aussi par les messages, raconte Lucile, 17 ans. Dès que tu as son numéro, tu discutes par SMS, et tu comprends par les smileys si tu lui plais. »

Passage à l'acte IRL

Reste que le saut dans une relation se passe toujours en vrai, dans le monde hors écran. Alexandre, 17 ans, confie, tout en timidité : « Il faut essayer de lancer l'idée de manger ensemble à la cantine, ou de sortir après les cours. » Technique similaire pour Sophie, 15 ans, d'Angers : « Mon petit copain m'a abordée sur Facebook en menaçant de pirater mon compte, puis on a commencé à discuter et on s'est rendu compte qu'on était dans le même établissement. On s'est vu et paf, ça fait un an et demi qu'on est ensemble. »

« Avec mon copain, c'était dans une soirée, renchérit Lucile. Depuis, on discute tout au long de la journée par messages, SMS et Messenger. » Une conversation « permanente » qui passe par les messages sous toutes leurs formes.

Certains ados boudent néanmoins la drague 2.0. « Je n'aime pas du tout commencer par les réseaux sociaux, je trouve ça super bizarre, souligne Bastien, Bordelais de 16 ans. Je préfère aborder la fille en vrai. C'est seulement après que je vais l'ajouter sur Facebook et lui écrire. Mais c'est toujours mieux en vrai, on peut voir les mimiques, c'est plus instinctif. » Même chose pour Laura, Grenobloise de 17 ans : « Les gens ont plus tendance à aborder par les réseaux sociaux. C'est dommage, parce que c'est mieux de vivre quelque chose en vrai. Et puis, je m'imagine mal dire à mes futurs enfants que j'ai rencontré leur père sur Facebook… C'est pas vraiment comme dans les films. »

Enfin, si le portable est pratique en tactique d'approche, il l'est aussi pour se séparer. Oumou, 14 ans, de Mantes-la-Jolie, vient de rompre après un an de relation. « J'ai appris qu'il était avec une autre, alors j'ai cassé par texto, raconte-t-elle. Maintenant, il y a plus de séparations en messages qu'en face. »

Quand la drague dérape

L'adolescence est une période de tentatives, de tests. Et les ados connaissent bien évidemment les sites de rencontres, dont Tinder, devenu incontournable chez les 20-35 ans. En quelques clics, l'appli est installée sur leur smartphone, le profil créé. Mais plutôt que d'y chercher l'amour (ou un plan cul), ils y vont pour rigoler. Mathias, 15 ans, en a fait un jeu avec ses amis : ils font défiler les profils « pour déconner sur les photos des gens. Il n'y a que des adultes, genre la vingtaine ». Même chose pour Laura, 17 ans : « On a essayé avec une copine, y a plein de mecs bizarres. Ça dérive souvent vers des demandes de Snap Show. Du coup, je ne réponds pas et je bloque. »

Des « Snap Show » ? Aussi appelés « Snap Hot », ils désignent l'échange d'images sexy ou carrément sexuelles envoyées principalement via Snapchat, mais aussi Messenger. Photos de décolletés plongeants, de poitrines dénudées, de torses musclés, de sexes en érection, et même des vidéos de masturbation. « Ce sont plutôt les mecs qui demandent ça, explique Margaux, jeune Bordelaise en première ES. Il y a aussi des mecs qui font ça à sens unique : ils envoient comme ça, sans qu'on demande ou qu'on les connaisse vraiment, des photos de leur pénis en érection. Si je tombe dessus, je coupe tout de suite la conversation et je supprime le compte qui l'a envoyé. C'est juste malsain. Mais le pire, c'est que ça ne fait plus peur de recevoir ça, on s'habitue… »

Comme Margaux, tous les ados interrogés connaissent les Snap Show. Et les gros lourds de la drague, qui réclament des images dénudées et envoient des photos de leur sexe. « Une fois, confie timidement Lina, 12 ans, il y avait ce gars, Lucas, je pensais qu'on était amis, et il m'a demandé une photo de mes seins sur Snapchat. Je croyais le connaître, mais finalement non. *[Sic]* Je n'ai pas répondu. »

Conseil aux parents :
Apprendre à bloquer les indésirables

Au moment de la familiarisation avec les réseaux sociaux, il est important de leur dire de ne pas hésiter à rejeter les personnes indésirables. Une connaissance trop envahissante, une autre qui paraît louche ou diffuse des insanités, on l'éjecte. Tous les réseaux proposent de

« supprimer » et/ou « bloquer » d'autres utilisateurs indésirables, voire même de les signaler à la plateforme qui pourra décider de désactiver le compte. Éduquer un ado sur ce point peut permettre d'anticiper, de savoir comment lui donner la confiance de parler d'insultes proférées à son encontre ou de harcèlement.

Un nouveau rite adolescent ?

Le Snap Show se rapproche de la pratique du « sexto » (contraction de « sexe » et « texto »), défini par le dictionnaire Merriam-Webster's Collegiate comme « l'envoi de messages et d'images sexuellement explicites au moyen d'un téléphone portable ». En France, selon un sondage Ifop, 35 % des moins de 25 ans avouent avoir déjà reçu des photos ou vidéos d'une personne dénudée, 26 % en ont réclamé, 25 % en ont envoyé, 26 % ont été sollicités, et 11 % ont déjà filmé leurs ébats. Des chiffres qui semblent bien faibles quand on sait que 80 % des Canadiens s'envoient des sextos, d'après l'American Psychological Association. Jocelyn Lachance, spécialiste des adolescents connectés, confirme : « Ces Snap Show dans une volonté de drague correspondent à la pratique des sextos appliquée à de nouveaux réseaux. Cela fait désormais partie d'un nouveau rite de séduction : le réseau social joue le rôle d'intermédiaire dans le processus de drague. Et, avant d'aller plus loin, il y a un rite d'engagement, de confiance. L'adolescent donne des photos de son corps et si celui/celle qui les reçoit ne les diffuse pas, alors c'est la preuve qu'il a eu raison de les lui confier, c'est qu'il peut lui faire confiance. Ce rite ne concerne pas que les photos à caractère sexuel, mais aussi les photos de fêtards ivres lors de soirée. »

Les sextos n'ont plus de texto que le nom. Les échanges osés se répandent sur Messenger, Snapchat et WhatsApp, et plus que le texte, ce sont les photos et vidéos coquines, voire carrément pornos, qui intéressent. « Ça arrive que des gens te draguent en mode super lourd, poursuit Océane, 18 ans. Ils te supplient d'envoyer des photos dénudées. Ça m'est même arrivé qu'un mec de ma classe m'envoie des photos de lui où on voyait tout... » La jeune Parisienne tient toutefois à prévenir : « Il y a plein de gens qui le font, les garçons envoient des photos de leur pénis, les filles d'elles nues. J'en connais des deux sexes qui font ça, c'est direct, et ça leur permet de voir s'ils se plaisent... Mais, le risque, c'est que la personne fasse une capture d'écran et la montre à tous ses potes, ou la diffuse. Ça peut devenir méchant. » Enzo, 17 ans, en terminale ES, dit avoir déjà reçu « une photo d'une fille avec un décolleté plongeant, par Messenger. C'était en fin de seconde. Je l'ai montré à un très bon ami, pour avoir son avis sur ce que ça voulait dire... Mais je n'ai pas répondu. »

Un sexto est en moyenne montré à trois personnes. Difficile de savoir combien en tout verront une image intime initialement partagée avec un destinataire privilégié. En particulier si celui-ci est un mâle en manque de reconnaissance. Enzo appuie : « Au lycée, il y a un mec frimeur qui drague beaucoup de meufs en même temps. Il nous montre souvent les photos que les filles lui envoient... »

Une mise en danger de soi

L'une des rares études sur le sujet, menée aux Pays-Bas [1], pointe qu'un quart des adolescents ont déjà reçu des sollicitations sexuelles directes. Et en particulier les filles : à 11 % il a été demandé de partager des images dénudées, et à 14 % d'envoyer des photos des parties génitales et/ou de la poitrine. « Garçons comme filles reçoivent des demandes, mais les adolescentes sont les plus sollicitées pour effectuer quelque chose de sexuel, notent les auteurs de l'étude, la psychologue Joyce Kerstens et le sociologue Wouter Stol. Et les demandes augmentent avec l'âge. » Mais surtout, les ados qui reçoivent ces sollicitations ne s'en offusquent qu'à 29 %, la majorité (52 %) le perçoit comme assez « commun ». L'émetteur est souvent quelqu'un que l'ado connaît (70 % des cas), essentiellement de son âge. L'étude néerlandaise met toutefois en lumière que peu d'adolescents produisent des images à caractère sexuel (seulement 3 %), et que la plupart disent ensuite « se sentir mal » à propos de leur comportement.

Tous les ados interrogés déconseillent fortement de prendre part au Snap Show. « Il ne faut pas faire ça, sinon, ça part vite, et il peut y avoir des rumeurs, commente Lina, 12 ans. Il faut faire attention à son image. Il y avait une fille de quatrième dans mon collège qui avait eu des relations sexuelles avec plusieurs garçons, et elle s'est fait harceler. » Il y a aussi

1. Joyce Kerstens et Wouter Stol, « The multifaceted and dialogic nature of adolescents online sexual interactions », *Cyberpsychology*, 2014.

le partage, à la vitesse sidérale des réseaux des vidéos glauques de certains garçons du bahut en train de se masturber. Le mini-film est copié, échangé, et ça dérape en embrouilles. « Une fille que je connaissais a envoyé une vidéo en train de se masturber à un garçon qui l'a copiée et l'a fait tourner, poursuit Lina. Ça a fait une grosse histoire… »

Pour Jocelyn Lachance, « ce genre de photos n'est que la transposition dans l'espace numérique de cette recherche du juste milieu, qui existe depuis longtemps, en particulier chez les filles : où est la frontière, jusqu'où peut-on être désirable lorsque l'on sort ? Ceux qui vont le plus loin dans ce qui relève d'une prise de risques sont en quête de quelque chose dans le regard des autres. Ce n'est pas nouveau. Dans les années 1980, il y avait la mode des sports extrêmes par exemple. Il y a désormais une prise de risque numérique avec son image. Mais on manque d'études sur le sujet… Peut-être qu'il s'agit d'une nouvelle étape dans la mise en danger de soi-même : ces réseaux seraient un nouvel intermédiaire avant la mise en cause physique, par exemple avec des scarifications. » Dans leur crise d'identité, les ados joueraient donc de leur image pour se valoriser tout en se mettant en danger.

De la drague au selfie nu contraint

Le phénomène va en tout cas de pair avec le débat sur l'hypersexualisation des jeunes filles. En 2012, la sénatrice UMP Chantal Jouanno a pointé cette tendance venue des États-Unis « de la sexualisation des expressions, postures ou codes vestimentaires » des fillettes. « Si une petite fille entre 3 et 6 ans se prend pour une princesse, il n'y a pas de problème. À partir de 7-8 ans, si elle prend des poses lascives, si elle va trop loin dans la provocation du désir : là, on brûle les cartes sur un plan identitaire », estime la psychothérapeute Nicole Prieur, sur Europe 1. Avant de poursuivre : « Quand, à 8-12 ans, vous n'avez pas la maturité psychique pour supporter le regard désirant d'un homme, il y a un trouble, un effroi. Et plus tard, [ces jeunes femmes vont] avoir peur du regard des hommes. Les conséquences sur le plan psychique sont lourdes. »

Cette hypersexualisation dans la société conduirait à la pratique des Snap Show, selon certains experts. Francine Duquet, sexologue québécoise, estime ainsi que « la séduction en ligne, l'utilisation d'un téléphone portable à des fins sexuelles et l'envoi de sextos peuvent créer une certaine confusion chez les jeunes : qu'est-ce qui relève de la sphère publique, qu'est-ce qui est privé ? »

Et qui dit partage de ces images, dit futurs problèmes. Quand la photo coquine envoyée à l'être cher se retrouve publiée sur les réseaux sociaux, les commentaires graveleux et les insultes fusent, tombant aisément dans le harcèlement en ligne. Plus d'une fille sur cinq rapporte avoir été victime d'insultes en ligne relatives à son apparence physique, selon un rapport publié par le Centre Hubertine Auclert, qui promeut l'égalité entre les femmes et les hommes. Selon celui-ci, depuis le début de l'année scolaire, plus d'une fille sur six a été confrontée à des cyberviolences à caractère sexuel, c'est-à-dire le partage de photos ou vidéos explicites normalement privées. Pis, les filles sont nombreuses à avouer avoir été forcées de faire un selfie dénudé sous la contrainte d'un petit ami insistant. Selon une étude britannique, 81 % des filles de 15 à 19 ans disent se sentir oppressées par cette insistance de leur petit copain à réclamer des selfies nus ou en tenue légère.

Livia, 13 ans, raconte à *L'Express* qu'un soir, son petit ami lui demande une photo d'elle dans sa douche. Elle refuse d'abord, avant de céder face à l'insistance et aux insultes du garçon. Après une « petite dispute », il publie la photo sur les réseaux sociaux. « J'étais vraiment anéantie, confie-t-elle. Tout le collège était au courant. On me criait "sale pute", tu n'as pas honte de ce que tu es. » Au total, une jeune fille sur onze et un garçon sur quinze disent avoir vu des photos ou vidéos d'eux diffusées sans leur accord. L'an dernier, Juliette, 15 ans, lycéenne à Lisieux, s'est donné la mort après la diffusion sur Facebook de photos d'elle nue prises par son ex-petit ami.

Conseil aux parents :
Tu ne te déshabilleras point

Décolleté, nuisette, maillot de bain, voire même pyjama, ils doivent prendre garde aux images qu'ils partagent. Le moindre écart peut se retrouver sur la place publique à vitesse grand V, partagé de manière irréversible pour rigoler parfois, pour nuire souvent. Sans tomber dans des carcans sexistes, il faut bien enseigner que se dévoiler sur les réseaux est rarement sans conséquences. Toutes les jeunes filles interrogées connaissent au moins une camarade pour qui ça a mal tourné.

De la drague aux insultes

« Les filles sont incitées à exposer leurs corps », au risque si elles ne cèdent pas d'être perçues comme « coincées », pointe le rapport du Centre Hubertine Auclert. Mais les garçons exigent dans le même temps qu'elles « se respectent » suivant un certain nombre de codes en faisant attention à leur « réputation ». Un constat confirmé par les ados interrogés.

« Quand je poste une photo, je me pose toujours 30 000 questions, explique Sophie, 15 ans. Est-ce que je suis assez jolie ? Est-ce que je suis bien habillée ? Est-ce que je ne risque pas de récolter des commentaires déplacés ? C'est une vraie pression… » La lycéenne d'Angers explique que « quand tu es une fille, il faut faire super gaffe. Dès que tu postes une photo sur Snapchat en maillot de bain, ou un selfie avec un garçon qui n'est pas ton petit copain, alors des captures d'écran circulent pendant plusieurs mois. Et tu te fais traiter de salope. » Après une pause, elle poursuit : « J'ai une copine qui a publié une photo d'elle en débardeur et elle s'est fait traiter de pute par plusieurs garçons du collège. En débardeur ! »

Les filles sont deux fois plus nombreuses à déclarer avoir été la cible d'insultes. Au total, 22 % ont été traitées de « pute » et « salope ». Elles sont également davantage l'objet de rumeurs, ce qui explique qu'elles souffrent plus souvent de mises à l'écart (16,3 % des filles pour 10,9 % des garçons).

« Les adolescentes sont soumises à une injonction paradoxale de la société actuelle, estime la sémiologue Pauline Escande-Gauquié sur le site Atlantico. D'un côté, la diffusion de selfies érotiques par des stars telles que Kim Kardashian, Miley Cyrus ou Rihanna ont complètement banalisé le phénomène, qui est devenu une norme dans le processus de séduction des adolescents. Si une jeune fille refuse d'envoyer un selfie d'elle nue à son petit copain, celui-ci ne comprendra pas et mettra un terme à leur relation. Au même titre qu'aller voir un film ou qu'une sortie à la patinoire, le selfie érotique est devenu une sorte de passage obligé. D'un autre côté, elles se disent mal à l'aise car le cliché de "la fille bien", qui ne couche pas avec beaucoup d'hommes, qui se maquille peu, qui ne s'habille pas de manière sexuellement provocante est encore très ancré dans les mentalités françaises, et la fille en question très mal vue lorsqu'il n'est pas respecté. »

Les codes de bonne conduite

Toutefois, les diktats sur l'image des filles semblent varier en fonction de leur zone géographique et de leurs personnalités. « Il faut toujours faire attention à ce que l'on poste, à ce que ça ne soit pas trop sexy », précise Océane, Parisienne de 18 ans. Avant d'édicter ses règles de conduite : « En général, on peut poster en jupe ou avec un décolleté, mais pas en maillot de bain. »

Louisiane, Cannoise de 16 ans, dit « publier des photos [d'elle] en maillot de bain, ça ne pose pas de problème. Mais plutôt sur Snapchat où ce sont mes amis et des amis d'amis, et pas trop sur Instagram où il y a des inconnus qui me suivent. » Dans une cité de Mantes-la-Jolie, Yamina, 14 ans, explique qu'il ne faut « jamais, jamais filmer son corps », mais aussi éviter au maximum de s'afficher avec un garçon, à cause des « frères qui surveillent » : « Un jour, j'ai mis un film de mes cousines en train de twerker [effectuer une danse à caractère sexuel], et il a vu que c'était moi qui filmais à cause de mes baskets. Du coup, il m'a frappée. »

Pour les garçons, la problématique existe aussi, mais est tout de même un brin différente. L'affichage des torses, pectoraux et abdominaux est valorisé, et permet de gagner en popularité. Là où pour les filles tout est question de « réputation », pour les mâles, il s'agit de « popularité », de marquer sa virilité hétérosexuelle, d'être de « vrais mecs ». « Un garçon torse nu, c'est admis, cela va accroître même sa popularité car cela participe de l'image virile de l'hétérosexuel, précise Clémence Pajot, directrice du Centre Hubertine Auclert. Mais pas la nudité totale, car chez les ados, un garçon qui ne se respecte pas, c'est celui qui exhibe son sexe. Là, cela ne pardonne pas, il sera taxé immédiatement de malade mental [ou de] gay. »

Les affres d'une nouvelle ère de l'image

Mais il n'y a parfois même pas besoin de photos de nu pour tomber dans l'homophobie de bas étage.

Maxence, 14 ans, raconte au *Parisien* que ses potes le traitaient derrière son dos de « fiotte » sous prétexte qu'il n'avait pas vu les derniers matchs de foot. « J'ai trouvé ça crade », confie-t-il. Au total, 14 % des garçons adolescents sont ciblés par des insultes homophobes. « L'une des plus fréquentes, qu'elle soit verbale ou en ligne, qui touche principalement les garçons, c'est "fais pas ta meuf", confirme Clémence Pajot. Il n'y a pas plus normatif qu'un ado, assure de son côté Justine Atlan, directrice de l'association e-Enfance, spécialisée dans la protection des mineurs sur Internet. Dès qu'un garçon est un tant soit peu féminin par rapport à la norme ou s'écarte des codes vestimentaires du groupe, le grand jeu consiste à venir l'embêter sur son identité sexuelle. Généralement, ils sont les plus virulents entre eux sur ce terrain-là, mais l'effet de groupe jouant, toute la classe finit par embrayer, même sans trop y croire. » En moyenne, 7 % des ados reconnaissent avoir déjà changé de tenue vestimentaire afin de « garder bonne réputation ».

Jocelyn Lachance voit dans tous ces codes d'affichage l'expression d'une nouvelle « ère de l'image » : « On a toujours évolué en fonction de l'œil des autres : on s'habille en fonction des regards que l'on porte sur nous par exemple. Mais pour les adolescents, ces regards sont désormais multiples et diversifiés. Chaque réseau social a ses règles de conduite. Snapchat rime avec authenticité, Facebook avec espace public, Instagram avec pose… Autant de restrictions qui s'ajoutent aux précédentes. » Si bien que les ados sont contraints de « s'ajuster en permanence à tous ces regards, augmentant la réflexivité et le risque de cliver ».

Chapitre 8

Le téléphone pornographique

Le téléphone, connecté à Internet, c'est une fenêtre grande ouverte sur le monde. Musique, séries, informations… et porno. La consultation d'images pornographiques viendrait même avant tout le reste. Après les vidéocassettes des parents, les DVD des grands frères, les adolescents ont désormais accès à la pornographie en quelques clics. Et à mesure que les technologies se perfectionnent, la consommation de celle-ci s'est faite dans des lieux de plus en plus privés.

Si les salles de cinéma X disparaissent, la consommation de porno est aussi de moins en moins choisie, les jeunes tombent parfois dessus sans chercher. Selon une étude britannique [1], le contact des ados avec la pornographie se révèle accidentel dans 38 % des cas. « Quand je vais sur des sites de streaming, il y a pas mal de pub porno, confirme Thomas, Parisien de 15 ans. Dès qu'on ouvre une fenêtre on tombe dessus… Au début, c'est très gênant. Puis on

1. Sonia Livingstone, « *Children's Uses of the Internet for Education, Communication and Participation* », *E-Learning*, 2004.

s'y fait », poursuit-il, désabusé. Au-delà des pubs, les contenus dits « explicites » sont également légion sur certains réseaux sociaux, en particulier Twitter, Periscope et Vine, et dans une moindre mesure sur YouTube, Instagram et Facebook. Au total, 42 % des filles et 32 % des garçons de 11 à 14 ans disent être déjà « tombés sur des contenus qui les ont choqués », essentiellement pornographiques, d'après l'association Génération Numérique.

Le porno s'est totalement banalisé dans la navigation sur le web, donc dans le quotidien des ados. Les Anglo-Saxons disent « *Internet is for porn* » (« Internet, c'est pour le porno »). Effectivement, on estime que 12 % de l'Internet mondial serait composé de contenus pornographiques, soit plus de 25 millions de sites web classés X, dont trois notoires qui se classent dans le top 100 mondial. Cette abondance répond néanmoins à une demande, qui semble particulièrement forte chez les adolescents. « Teen » (« ado ») est d'ailleurs la requête la plus fréquente sur les sites pornos.

Génération YouPorn

Selon une étude du CSA, 80 % des garçons et 45 % des filles de 14 à 18 ans ont déjà vu un film X. Le premier visionnage de porno aurait lieu vers la cinquième, soit vers 12 ans, le moment où tous les ados commencent à être équipés de portables. « Le porno, ça commence en quatrième, analyse Benjamin, Parisien de 15 ans. Le téléphone ouvre une porte qui devrait rester fermée. Avec YouPorn, ça s'est décomplexé. »

Mais cette consommation commence de plus en plus jeune. Si bien qu'une récente étude internationale estime que 22 % des mineurs qui se rendent sur des sites pornos ont moins de 10 ans, 36 % sont âgés de 10 à 14 ans, et 42 % de 15 à 18 ans. Une étude [1] menée plus tôt en Île-de-France estimait que 58 % des garçons et 45 % des filles ont vu leur première vidéo pornographique avant 13 ans. Pis, en CM2, la moitié des garçons et un quart des filles sont déjà concernés. « J'ai plein d'amis qui regardent ça, raconte Lina, 12 ans, en cinquième à Neuilly-sur-Seine. Ils regardent sur leur téléphone et ils font "effacer l'historique". Moi, je n'ai pas très envie de regarder ça, c'est dégueu ! »

Et comment globalement réagissent-ils à ces visionnages précoces ? Avant le collège, ils « sont surpris et ont peur », se sentent « embarrassés » ou « coupables et confus », selon une enquête américaine. La moitié des filles se déclarent « dégoûtées », un quart « choquées », un quart « surprises ». Mais dès le cap des 13 ans franchi, l'attitude change : le porno « distrait » la moitié des garçons et « plaît » à un tiers.

Les spécialistes apparaissent divisés sur les répercussions d'une telle consommation sur le développement psycho-sexuel des jeunes. Un premier courant indique que cela contribue au développement d'une vision sexiste des rôles de genre et favorise l'adoption

1. Michela Marzano, Claude Rozier, *Alice au pays du porno*, Ramsey, 2005.

d'attitudes négatives envers les femmes. Ce qu'appuie le professeur Israël Nisand, gynécologue au CHU de Strasbourg qui intervient dans les écoles pour parler de sexualité, qui rapporte sur Europe 1 la question d'un enfant : « "Monsieur, comment ça se fait que les filles sucent le sexe des animaux ?" Je lui ai répondu que ça n'existait pas mais il m'a donné l'adresse du site… Alors j'ai dit que les filles qui sont obligées de faire ça sont les plus pauvres des plus pauvres. Comment voulez-vous qu'à 12 ou 13 ans, on ait le recul critique nécessaire pour se mettre à distance de l'image ? »

La transgression devenue banalité

Des chercheurs estiment ainsi que la pornographie est devenue pour beaucoup d'adolescents une première approche de la sexualité. Ils auraient du mal à faire la distinction entre la réalité et la fiction, le porno venant influencer leurs pratiques sexuelles : les relations sexuelles sont plus précoces et auprès de plus de partenaires.

Néanmoins, ces constats sont démentis par d'autres spécialistes. Une étude de l'université de Lausanne affirme ne voir aucun lien évident entre la consommation précoce d'images pornographiques et la multiplicité des partenaires sexuels ou la grossesse adolescente. Une étude belge met également en avant la distance et le jugement critique des ados avec ce qu'ils regardent : deux tiers estiment que « la pornographie n'est pas un outil d'éducation sexuelle » et que ces vidéos « montrent une fausse image de la sexualité ».

Pas de quoi convaincre Thérèse Hargot, philosophe et sexologue, auteur d'*Une jeunesse sexuellement libérée (ou presque)* : « On ne parle plus de l'impact du X sur un lycéen, mais sur un enfant en CM1 ou CM2 ! On n'est plus dans le cas de l'enfant qui regarde par le trou de la serrure pour découvrir "le grand mystère". Les smartphones ont tout changé. Il n'y a même plus de transgression. Or, une chose est de transgresser un interdit – et que l'on sait interdit –, une autre est de ne même pas formuler son désir puisqu'on est assailli d'images. L'impact sur l'imaginaire de l'enfant est énorme. »

Interrogés, les adolescents confirment simplement consommer plus ou moins régulièrement ce genre d'images. Cette consultation apparaît comme banale, normale. Au point de devenir une blague potache entre copains. « Parfois, des amis envoient des liens pornos pour rire, explique Alexandre, 17 ans, de La Réunion. Enfin, on faisait surtout ça quand on était gamins, vers la troisième. » Et les filles en font parfois les frais. L'an dernier, alors que Sophie est en quatrième au collège David d'Angers, son voisin de table s'amuse à lancer une vidéo porno en plein cours d'anglais, volume poussé au maximum sur les haut-parleurs. « Il voulait mettre la prof mal à l'aise, mais elle n'a pas dit grand-chose… Depuis, il s'est fait virer. » Expérience similaire pour Lucile, 17 ans. Elle se souvient que, alors qu'elle était en troisième à Meaux, un garçon s'est amusé « à la cantine » à lui montrer sur son téléphone une vidéo scatophile « que tout le monde connaît »…

Conseil aux parents :
Ne pas faire l'autruche face au porno

Son gamin de 12 ans sur YouPorn, difficile à accepter pour un parent. Pourtant, les anecdotes issues de tous les milieux sociaux font remonter que les ados sont en contact de plus en plus jeunes. Et couper l'accès au portable n'est pas la solution. Tom, 14 ans, fait partie d'une famille anti-écrans, seul l'iPad familial lui est autorisé ponctuellement le week-end. Un lundi soir, sa mère prend la tablette et constate qu'elle n'a plus de batterie. En le rechargeant, elle tombe sur la page de garde d'un site pornographique… Pas de psychodrame. En parler reste la règle numéro un, afin de rappeler que la sexualité de la vie réelle n'est pas forcément calquée sur certaines scènes trash qui circulent en ligne.

Chapitre 9

Le téléphone, outil de transgression

« L'adolescence n'est-elle pas une merveilleuse crise de folie qu'il ne faut pas laisser passer sans trancher dans le vif de ses sensations ? », interroge la romancière Dominique Blondeau [1]. C'est aussi l'âge charnière de la quête d'autonomie, de la construction de soi et, on l'a vu, cela passe désormais énormément par le portable. Durant cette métamorphose pubertaire, on retrouve aussi leurs transgressions et rébellions contre l'ordre et les règles (aussi bien scolaires que parentales, ou même légales). « La transgression se fait de plus en plus sur les écrans, insiste le psychologue Michael Stora dans *L'Express*. Au fond, cette fenêtre sur le monde, cet espace de liberté, les jeunes l'ouvrent depuis leur chambre. [...] Plus on est inquiet, plus on les empêche de transgresser, plus on les pousse à transgresser. »

Dans l'intimité de leur chambre, à l'arrêt de bus ou dans un coin du bahut, le smartphone devient comme l'outil idéal pour découvrir « ce qu'il y a outre ». Les contenus pornographiques ne sont qu'un exemple

1. Dominique Blondeau, *Que mon désir soit ta demeure*, Montréal, Éditions La Presse, 1975.

parmi d'autres. Une enseignante du collège Pasteur de Mantes-la-Jolie souligne l'importance de cet écran ouvert sur le monde dans cet établissement REP+ (ex-ZEP) : « Ici, 95 % des élèves sont de confession musulmane et beaucoup de filles remettent leurs voiles en sortant du collège. Le portable est très important pour elles, il représente peut-être une fenêtre de liberté. » Ces outils proposent en effet une exposition à des nouvelles idées et des informations différentes de celles entendues dans le cercle familial, ce qui ouvre le champ de l'esprit sur des sujets variés.

La sociologue Gülçin Büyüközkan et le professeur en génie industriel Ali Ergur constatent qu'en Turquie, les jeunes de milieux défavorisés peuvent s'émanciper par les nouvelles technologies de communication : « L'adolescent [est] souvent encerclé par ses problèmes sociaux, et les restrictions financières et/ou morales du milieu où il est implanté. Il se sent étouffé dans sa vie quotidienne, et a complétement conscience de l'oppression qu'il subit. Pourtant, l'expérience virtuelle dans laquelle il plonge avec tant d'excitation et d'attente ne le déçoit point. Au contraire, elle l'aide à extraire une multitude de socialités alternatives, et à remodeler un imaginaire sans limite, parfois ambitieux, certainement surprenant. »

Défier la société

Comme c'était déjà le cas pour leurs parents et grands-parents, la transgression passe aussi par l'expérimentation de pratiques interdites : tabac, alcool et drogues. La nouveauté c'est que, dorénavant on peut les mettre en scène, en particulier sur Snapchat. À l'abri des regards, les ados prennent la pose en noir et blanc en tirant sur leur clope. Ou partagent des clichés de soirées-beuveries sur fond de bouteilles, yeux rouges, et personnes ivres jonchées au sol. À l'image du Canadien Ekow Fynn qui a publié toute une soirée sur Snapchat de courtes vidéos montrant sa petite amie Élizabeth « vraiment très bourrée » avoir des difficultés pour enfiler ses chaussures ou manger des chips. Ces séquences marquantes, devenues virales, illustrent bien ce partage des transgressions entre copains de fêtes.

Pourtant, si on regarde de près les chiffres de l'Observatoire français des drogues et des toxicomanies, ils révèlent que les jeunes sont plutôt moins portés sur les substances que leurs aînés. Entre 2011 et 2015, le test de la première cigarette a reculé de 70 % à 61 % chez l'ensemble des lycéens, et ce quel que soit le niveau ou la filière suivie. L'usage quotidien a aussi baissé de 31 % à 25 %. Pour l'alcool, la consommation chez les lycéens est passée de 93 % en 2011 à 87 % quatre ans plus tard. Les beuveries occasionnelles demeurent plutôt le fait des garçons (47 %) que des filles (36 %). En matière de drogues, le cannabis est encore le plus souvent cité, testé par 44 % des lycéens (contre 49 % en 2011), avec un nombre d'usagers réguliers stables (8 %). Pour les autres substances, la cocaïne, les champignons hallucinogènes ou l'ecstasy sont les plus mentionnés, et testés par 9 % des lycéens (contre 13 % en 2011).

« La transgression permet de progresser, de rompre avec l'ordre parental et l'ordre social, de mettre en question aussi le monde adulte dans lequel il sera amené à s'insérer, expliquent les professeurs de psychologie Marie-Line Félonneau et Lyda Lannegrand-Willems. Les comportements dérogatoires constituent une forme de négociation du passage de l'enfance à l'âge adulte, parce qu'ils permettraient aux adolescents de défier les règles de la société. » Et rien de mieux qu'un jeu à boire pour transgresser la société. S'il existe de nombreuses applis sur ce thème, c'est Picolo qui tire son épingle du jeu auprès des plus jeunes. Après avoir inscrit leurs noms et validé la question « on se la colle ? », les joueurs vont devoir remplir des défis farfelus, les poussant souvent à publier sur les réseaux des phrases sans queue ni tête, tout en buvant de nombreux verres d'alcool, avec toujours le smartphone au centre de la table.

Si on rajoute à ces phénomènes de transgression, le téléchargement illégal qui ne se fait pas toujours avec une pleine conscience des risques, on peut suivre le psychologue Pierre Coslin dans ses analyses : « Le jeune remet en cause la conformité des conduites que lui propose la société, puisqu'il n'a pas participé à l'élaboration et à la définition de ces modes de vie. […] Ses comportements interpellent aussi la propriété : qu'est-ce qui est à moi ? Qu'est-ce qui est à l'autre ? »

Confronter les parents

Pour dégoter du cannabis, le portable est aussi un outil bien pratique. Très souvent, les consommateurs envoient un message (essentiellement SMS) au dealer du coin avant l'acquisition. « Je lui fais un texto pour savoir s'il a un 10 balles, pour que je ne vienne pas pour rien », explique la pragmatique Chloé, 16 ans. Démarche similaire pour Lise, 18 ans : « J'envoie un SMS à la bonne personne. On échange un peu pour savoir s'il est dispo et s'il en a. S'il n'est pas trop loin, je vais le voir. » En remettant en place ses grosses lunettes carrées, elle ajoute : « J'ai même des potes qui lui écrivent pour se faire livrer directement chez eux. C'est plus pratique, mais un peu plus cher. »

À bien analyser la somme de ces usages transgressifs du téléphone, on peut légitimement se demander si les ados ne souhaitent pas inconsciemment se faire prendre en flagrant délit, pour provoquer le conflit. Un peu comme quand leurs aînés laissaient inconsciemment traîner une barrette de shit ou rentraient en empestant la cigarette. « En se confrontant à ses parents et au monde des adultes, l'adolescent cherche à dépasser les interdits, dans le but de se différencier et de se distancier, afin que s'ouvre pour lui un espace psychique qui autorise un sentiment d'identité », expliquent le psychanalyste Jean-Luc Rinaudo et la conseillère pédagogique Pascaline Delalande.

Pour le psychiatre Philippe Jeammet [1], ces oppositions sont autant d'« expression minimale de la violence » à l'encontre de l'autorité parentale. Il analyse : « Les adolescents [sont] pris en tenaille entre ces deux angoisses fondamentales : celle de ne pas être vu [par leurs parents], et celle d'une intrusion aliénante [de ceux-ci]. Dans l'opposition ils s'appuient sur [eux] tout en méconnaissant qu'ils en ont besoin, puisqu'ils ne sont pas d'accord avec [eux]. »

1. Philippe Jeammet, « Du bébé à l'adolescence. Les chemins de la destructivité » *Le Carnet psy* n° 4, 2006.

La conduite négative de l'ado n'est toutefois pas sans risques, et peut basculer dans une quête autodestructice dont le seul but est de se sentir exister. Philippe Jeammet prévient : « Paradoxalement ces conduites négatives leur confèrent un pouvoir, que la recherche de la satisfaction de leurs désirs et de la réussite ne leur donnerait pas. Le choix de la vie, du succès, du plaisir est toujours aléatoire et dépend beaucoup de facteurs qu'on ne maîtrise pas […] On peut par contre être toujours maître de son échec, du refus d'utiliser ses potentialités, des comportements d'autosabotage et d'autodestruction. »

Conseil aux parents :
S'intéresser, toujours

Si on interroge toujours l'enfant de 5 ans sur ses activités en classe, on a tendance à laisser l'adolescent plus tranquille. Et c'est bien dommage, puisqu'il traverse une période de transition physique, émotionnelle et identitaire importante. Aussi, les parents doivent continuer à s'intéresser à leur progéniture. Et ce sujet des activités multiples réalisées sur le portable est en soi un formidable sujet de conversation. On se renseigne sur les nouvelles applis, on demande pourquoi Facebook est has been, on se met à jour sur les nouveaux YouTubeurs, on s'intéresse aux éventuelles fictions de fans lues sur la plateforme d'autoédition Wattpad…

L'appel au secours

On l'a vu, les ados boudent globalement les appels téléphoniques, d'autant plus quand il s'agit de communiquer avec les parents. Ils ne répondent pas et préfèrent se limiter à de succincts SMS d'organisation du quotidien (la récupération après les cours, la demande de permission de sortie, etc.). Néanmoins, le portable peut leur permettre d'engager des discussions importantes et privilégiées avec les adultes, de poser sur l'écran de vraies interrogations de vie ou des problèmes qui les rongent. Un souci de cœur ? Une difficulté avec son corps en changement ? De la culpabilité après une bêtise ? L'ado peut choisir d'aborder la question par un échange téléphonique ou par message. « Un après-midi, ma fille avait beaucoup bu avec deux de ses amies et l'une avait fait un coma éthylique, raconte la mère d'une jeune fille de 16 ans. Elle m'a d'abord appelée, paniquée, en pleurs, je l'ai vite rassurée, pris l'adresse et appelé les pompiers. »

Dans les cas de séparation des parents, le téléphone tuteur joue aussi à plein. Les adultes sont concentrés sur leurs difficultés, tandis que l'enfant encaisse. Et quand la communication entre adultes est rompue, il permet de maintenir le fil. « Ma mère venait de me dire que mon père ne dormirait pas à la maison pour le week-end, je lui ai demandé cash, par texto, "Vous divorcez ?", confie Lucile, 17 ans. Ça a permis d'ouvrir une discussion. » Une rare étude de 2011, menée par l'association Union des familles, a ainsi mis en avant que les divorces impactent de nombreux enfants et adolescents (29 %

des 7-12 ans, 25 % des 13-17 ans). Et s'ils sont nombreux à avoir appris la séparation « dans le calme » par la voix des deux parents ensemble, la majorité sont mis devant le fait accompli par un des deux parents (le plus souvent par la mère) ou le découvrent par eux-mêmes, piégeant des adultes paniqués qui se muraient dans le silence (« Ils ne m'ont rien dit, ma mère est partie et la vie a continué comme si de rien n'était », témoigne un ado cité par l'étude).

Selon les dernières statistiques de l'Insee, autour de 191 000 mineurs vivent des divorces chaque année. Mais, si les séparations se banalisent, elles ne sont jamais bénignes. La rupture est un choc émotionnel important aussi bien pour les parents que pour les enfants. « L'enfant devient spectateur de la séparation, il est oublié, secondaire par rapport à ce qui se joue entre les parents et peut être maltraité par omission », explique le pédiatre Pascal Pillet, dans un rapport du Défenseur des enfants. Un « bon » divorce n'est pas affaire de justice mais de parents. Les psys pointent deux postures problématiques : la parentalisation (« Je suis devenue la mère de ma mère », témoigne Lucile) et le messager (les parents passent par l'enfant pour s'organiser et au passage régler leurs comptes). Deux situations où le recours au portable peut cristalliser les problématiques. « Beaucoup de jeunes se montrent anxieux à propos des appels de leurs parents pour négocier les critères de chaque visite, soulignent les psychologues Judith Wallerstein et Joan Kelly. Surtout que chaque contact téléphonique entre le père et l'enfant peut déboucher sur une forte hostilité d'une mère enragée. »

L'économie de la discussion

L'accès au téléphone peut vite devenir un point de crispation fort entre parents. Lorsque l'un d'eux quitte le foyer, la solution facile est souvent d'équiper son enfant d'un smartphone, même si la semaine précédant les faits il était jugé « trop jeune » pour en posséder un.

Cette facilité traduit une perception implicite des communications via le téléphone à la fois comme moins sérieuses et permettant d'exprimer des sujets difficiles. Un paradoxe qui permet de faire l'économie des conversations conflictuelles. Dans une étude concentrée sur les SMS, des adolescents disent apprécier les textos pour notamment « exprimer des choses délicates qu'on ne dit pas en face-à-face ou dans une communication directe, car l'espace graphique et la nature asynchrone du SMS leur permettent d'aller plus loin, de faire des déclarations, de dire des mots doux… » Aussi, au-delà des relations entre ados, ce rôle de facilitateur du partage de l'intimité et des pensées peut être saisi par certains parents dans des cas de conflits, afin de limiter la confrontation. Sauf que l'économie de la communication directe, même si elle s'avère difficile, entame la fonction de soutien des parents, et au passage altère l'estime de soi des ados.

Si bien que l'appareil, parfois donné en cachette ou confisqué par l'autre parent, sème rapidement la zizanie dans des couples séparés. Surtout parce qu'il met à mal l'éducation, qui doit toujours être pensée à deux. La psychologue Béatrice Copper-Royer explique : « Un rapport de force s'établit entre les parents, surtout si le divorce est conflictuel. Chacun a peur que l'autre prenne le dessus sur l'enfant. » Si bien que dans les procédures de divorce, les tentatives se multiplient pour acter juridiquement des discussions avec l'enfant, via une messagerie Internet. « Cela peut devenir la guerre des portables », résume l'avocate Hélène Poivey-Leclercq au *Figaro*. Sauf qu'entre les irruptions intempestives de l'autre parent sur le Skype de l'ordinateur du salon, ou le portable volontairement dissimulé par le parent qui a la garde, la question tourne vite au vinaigre. Si rien n'oblige à équiper son ado, pour maintenir le lien avec « l'autre », l'essentiel pour les deux parents est de « respecter les liens de l'enfant avec l'autre parent », précise le Code civil. La Défenseur des enfants tranchait : « L'enfant a le droit de communiquer librement par téléphone avec le parent auprès duquel il ne réside pas, celui-ci ayant le droit de le contacter régulièrement. »

Surtout que pour les adolescents, ce lien, même ténu, demeure essentiel. Michel Claes, psychologue spécialiste des jeunes, le rappelle : « S'il est convenu que les rapports entre parents et adolescents doivent évoluer entre 12 et 18 ans dans le sens d'une prise croissante d'autonomie, il est tout aussi clair que le détachement émotionnel à l'égard des parents n'est guère souhaitable. [...] La rupture des liens affectifs entraîne des sentiments d'insécurité et de détresse. L'absence de liens significatifs, la négligence parentale ou la présence de conflits majeurs se retrouvent pratiquement toujours au cœur des problèmes les plus sévères : délinquance, tentatives de suicide, toxicomanie. »

Être présent, sans être flic

Par Sylvain Berdah, psychiatre pour enfants et adolescents

« Les parents ne doivent pas tomber dans le flicage. Il faut laisser les enfants communiquer entre eux, les laisser se parler librement, par portables interposés. Mais il faut rester vigilant, en particulier au moment du coucher. « Pas de portable dans la chambre à partir de 22 heures » par exemple. C'est particulièrement vrai avec les adolescentes. J'ai reçu en consultation une jeune fille qui m'a confié envoyer jusqu'à 800 textos par nuit. Elle n'en dormait plus et n'arrivait pas à se refréner seule. Ses parents étaient venus me voir en me disant qu'elle mentait en permanence. Elle m'a expliqué le faire parce qu'ils étaient trop inquisiteurs.

La position des parents est difficile à l'adolescence. Ils sont souvent désemparés. Il faut à la fois être présent, sans céder à la tentation d'aller fouiller dans les échanges. Quelques années en arrière, il faut se souvenir que, déjà, ouvrir le courrier de son enfant était perçu comme une violation de l'intimité. Être parent, c'est accepter qu'il y a des tas de choses de la vie de son enfant qu'on ne sait pas… En revanche, il faut toujours parler, de la vie, des copains, etc. Il faut communiquer, sans céder à la facilité, au piège, de simplement leur glisser un téléphone dans la poche. Ne pas être dans le flicage, mais les alerter et maintenir une vraie vigilance. »

Conclusion

Le smartphone a transformé l'adolescence. Cette période tourmentée, ponctuée de changements physiques et hormonaux, se lit désormais sur le petit écran connecté. On pourrait penser l'ado, décérébré, enfermé continuellement dans une bulle numérique. On pourrait le croire hyper-narcissique, multipliant les selfies en cascade. On pourrait le juger incapable d'être autonome et responsable, mou, parce que les yeux rivés sur écran. Mais ce serait totalement se méprendre sur la réalité et tomber dans la facilité.

L'adolescent n'a pas une vie sur son portable, une vie sur les réseaux sociaux, une vie à la maison, une vie avec ses amis, une vie à l'école, etc. Il vit comme tous les ados des générations précédentes, se raconte et s'écrit, mais maintenant sur une petite machine. Réel et numérique ne font plus qu'un. Et si le petit homme et la jeune fille reconnaissent aisément (plus facilement que les adultes) que « toute [s]a vie » tient dans son téléphone, ce n'est que pour souligner la place centrale de celui-ci dans son quotidien, aussi bien social que divertissant.

Ce couteau suisse numérique s'impose comme une incroyable fenêtre ouverte sur le monde. Plus besoin de faire le mur pour s'évader. Et tous les référentiels de l'adolescence s'en trouvent modifiés. Le fil entortillé du téléphone qui court de l'entrée à la chambre ? Remplacé par le son et l'image de FaceTime. Le carnet à cadenas soigneusement rangé dans un tiroir ? Remodelé en Story Snapchat accessible aux seuls amis. Les séries françaises diffusées dans le poste de télé du salon ? Substituées par les sketchs de YouTubeurs encore mineurs. Le scooter chevauché pour aller draguer ? Supplanté par la discussion intime et tardive sur Messenger. Les écouteurs du walkman collés aux oreilles qui laissent filtrer des sons de guitare électrique ? Bousculés par les basses d'un morceau de rap téléchargé illégalement et diffusé sur une enceinte Bluetooth.

Les jeunes de 10 à 18 ans représentent une nouvelle génération nomade qui a totalement intégré le mobile, du matin au soir. Tout y est centralisé : amours, passions, plaisirs, joies, jeux, déceptions, malheurs, tristesses. Le ludique et le sérieux s'y côtoient, fraternellement.

Le smartphone est d'abord devenu le véritable outil de l'autonomisation. Les adolescents s'en servent pour se construire, pour réaménager la relation parents-enfants. Ils se peaufinent une image, une identité, à la fois sur les réseaux sociaux et dans cette bulle d'échanges constants qu'ils créent entre pairs. Cette bulle, agrémentée d'émojis, est le lieu des partages d'expériences.

Ce nouvel espace de communication marque ainsi l'ancrage des ados dans l'ère de l'image. Selfie-grimace sur Snapchat, selfie-duckface sur Instagram, selfie-en-groupe sur Facebook… La photo devient objet d'échanges et force à s'ajuster en permanence aux centaines de regards dématérialisés, réfléchissant le rapport aux autres. Elle a aussi créé un nouveau langage narratif hybride, mêlant textes, images, symboles et abréviations, qui a de quoi laisser pantois n'importe quel adulte. Derrière, toujours cette même envie de partage pour mieux se définir soi-même.

Chose rare, par ailleurs, le portable, dans ses usages traverse toutes les catégories sociales. (Presque) tous les ados disposent d'un smartphone, rêvent d'un iPhone dernier cri, profitent des SMS illimités, se draguent sur Messenger, se marrent sur Snapchat. Les différences entre filles et garçons, les barrières sociales et géographiques semblent s'être effacées. Du moins en apparence, puisqu'en s'attardant sur les cadres des vidéos partagées sur Periscope ou dans les thématiques abordées par leurs stars sur YouTube, les marqueurs sociologiques classiques réapparaissent.

Mais c'est à l'ennui que le téléphone a porté le coup le plus fatal. Cinq minutes d'attente à l'arrêt de bus, un cours trop long, un voyage en voiture, dix minutes off avant de se coucher… Autant d'instants éphémères d'attente qui sont aujourd'hui tous comblés.

Hier, quand un adolescent se retrouvait seul dans sa chambre, il n'avait que deux options : s'ennuyer ou réfléchir. Aujourd'hui, l'ennui n'est plus subi, on le choisit. Un choix brouillé par la facilité de l'appel de l'écran. Le moindre temps mort est comblé par un mini-jeu vidéo, une vidéo drôle, une mise à jour des réseaux sociaux, une série, etc.

De quoi s'interroger sur les capacités d'imagination, de prise de recul, et sur l'illusion que tout est possible partout, toutes les expériences sont à portée de main. De là, cette difficulté à se détacher de son appareil. La peur d'être coupé (dite « Fomo » par les spécialistes) est présente chez les adolescents, comme chez les plus grands. Mais même les plus accros réussissent à se sevrer quand ils n'ont pas le choix (à cause d'un bug du téléphone ou de vacances en zone blanche). Le vrai danger pour eux est d'apprendre à décrocher le soir avant de s'endormir, au risque de perturber le sommeil.

S'il ne fallait retenir qu'un conseil aux parents, ce serait celui-là. La déconnexion nocturne est nécessaire. Mais le rôle des adultes ne doit évidemment pas se limiter à cet interdit. Pas question non plus de renvoyer la responsabilité à cette machine responsable de tout, et d'en couper purement l'accès. Les ados connectés sont avant tout des ados. Et plutôt que d'aller à l'affrontement, au risque de casser sa relation, les parents doivent en parler, pour fixer un cadre qui ne soit pas trop rigide. On peut partager autour du sujet téléphone, sans être trop intrusif. Comme on le fait quand on interroge son enfant sur ce qu'il a fait dans sa journée à l'école. Une attention que recherchent ces êtres à mi-chemin entre l'enfance et l'âge adulte. Et qui ne doit pas être relâchée.

LEXIQUE

Askip : sorte d'acronyme de « à ce qu'il paraît », utilisé pour évoquer des rumeurs.

BFF : acronyme de l'anglais « *best friend forever* », soit « meilleur ami pour toujours ».

BLC (ou Balek) : acronyme de « je m'en bats les c****** », pour signifier un désintérêt.

Chelou : « louche » en verlan, utilisé pour désigner quelque chose d'étrange.

Clash : joute verbale entre plusieurs personnes.

Dar : verlan de l'anglais « *hard* », utilisé pour qualifier quelque chose de « sympa », de « trop bien ».

Daron : argot pour « père ».

Daronne : argot pour « mère ».

IRL : acronyme de l'anglais « *In real life* », soit « dans la vie réelle », par opposition à la vie numérique.

Je hurle : synonyme de « waouh », expression utilisée par le YouTubeur Jeremstar.

Jsp : acronyme de « je ne sais pas ».

Jpp : acronyme de « j'en peux plus ».

KTF (ou TFK) : abréviation de « Qu'est-ce que tu fais ? ».

Like : anglais du « J'aime » des réseaux sociaux.

LOL : acronyme de l'anglais « *laughing out loud* », soit « rire tout haut ».

MDR : acronyme de « mort de rire », version française de LOL.

Miskine (abrégé msk) : terme arabe exprimant la pitié ou le mépris.

Miskina : dérivé du précédent, signifiant « la pauvre ».

Narmol : anagramme de « normal », popularisé par le YouTubeur Cyprien.

OKLM : « au calme », popularisé par le rappeur Booba pour désigner un état d'esprit détendu.

OMG : acronyme de l'anglais « *Oh, my god* ! ».

OOTD : acronyme de l'anglais « *Outfit of the day* », soit la « tenue du jour ».

Posey : être détendu, expression popularisée par le rappeur Swagg Man.

Screen : abréviation de « screenshot », soit une « capture d'écran », surtout utilisé sur Snapchat.

Stalk : de l'anglais « traquer », désigne le passage en revue des réseaux sociaux d'une personne.

TMTC : acronyme approximatif de « Toi-même tu sais », issu des SMS.

Vénère : « énervé » en verlan.

Wsh : abréviation de wesh, injonction issue de l'arabe pour lancer un salut.

Wlh : abréviation de « wallah », invective issue de l'arabe (« par Allah »), signifiant « je te jure ».

WTF : acronyme de « *What the fuck* ».

YOLO : acronyme de « *You only live once* » (« On ne vit qu'une fois »), popularisée par le rappeur Drake.

Bibliographie

Études et rapports

« Baromètre du numérique 2015 », réalisé par le Centre de recherche pour l'étude et l'observation des conditions de vie (Crédoc), 2015.

« Cybersexisme chez les adolescents », réalisé par l'Observatoire universitaire international Éducation et Prévention (OUIEP) pour le Centre Hubertine Auclert, 2016.

« Pratiques culturelles des Français », étude du ministère de la Culture, 2008.

« Media Use in School-Aged Children and Adolescents », étude de l'American Academy of Pediatrics, 2016.

« L'essentiel du jeu vidéo », réalisé par le Syndicat des éditeurs de logiciel de loisirs (Sell), 2016.

« L'Égalité des sexes dans l'éducation », rapport de l'OCDE, 2015.

« Les pratiques culturelles des Français à l'ère numérique », étude du ministère de la Culture et de la Communication, 2009.

« Usages de tabac, alcool, cannabis et autres drogues illicites des lycéens français », étude ESPAD pour l'Observatoire français des drogues et des toxicomanies, 2016.

« Les conditions de vie des enfants après le divorce », étude de l'Institut national de la statistique et des études économiques (Insee), 2015.

« Enfants au cœur des séparations parentales conflictuelles », rapport de la Défenseur des enfants, 2008.

« La diffusion des technologies de l'information et de la communication dans la société française », réalisé par le Centre de recherche pour l'étude et l'observation des conditions de vie (Crédoc), 2014.

Articles scientifiques

« Social Network Sites : Definition, History and Scholarship », de Nicole Ellison et Danah Boyd, *Journal of Computer-Mediated Communication*, 2007.

« Class and Committes in a Norwegian Island Parish », de John A. Barnes, *Human Relations*, 1954.

« La production de soi comme technique relationnelle »,
par Dominique Cardon et Hélène Delaunay-Teterel, *Réseaux*, 2006.

« La consécration du selfie », d'André Gunther, *Études photographiques*, 2015.

Oh What a Blow That Phantom Gave Me !, d'Edmund Carpenter, éd. Rinehart & Winston, 1972.

The Second Self, de Sherry Turkle, éd. MIT press, 1984.

L'Expérience adolescente, de Michel Claes, éd. Pierre Mardaga, 1983.

Anatomy of Love : a Natural History of Mating, Marriage, and Why We Stray, d'Helen Fisher, WW Norton & Co, 1993.

Les Liaisons numériques, d'Antonio Casilli, Le Seuil, 2010.

Exposition de soi et reconnaissance de singularités subjectives sur les réseaux sociaux, de Julie Denouël, éd. PUF, 2010.

Parenting With Love and Logic : Teaching Children, de Foster Cline et Jim Fay, éd. NavPress, 1990.

« Les jeux vidéo dans les routines quotidiennes », de Hovig Ter Minassian et Manuel Boutet, *EPS Revues*, 2015.

« Violence et sociabilité dans les jeux vidéo en ligne », de Michel Nachez et Patrick Schmoll, *Sociétés*, 2003.

Scènes de la vie future, de Georges Duhamel, Mercure de France, 1930.

« The Multifaceted and Dialogic Nature of Adolescents Online Sexual Interactions », de Joyce Kerstens et Wouter Stol, *Cyberpsychology*, 2014.

« Le choix des adolescents en matière de jeux vidéo », de Patrick Longuet, revue de l'Institut national de la jeunesse et
de l'éducation populaire (INJEP), 1996.

« Violence in Video Games : What are the Pleasures ? », de Joel Saxe, St. John's University, 1994.

« De quoi l'addiction aux jeux vidéo est-elle le nom ? », de Thomas Gaon, *Observatoire des mondes numériques en sciences humaines*, 2016.

« Les usages problématiques des jeux vidéo », du médecin Michel Hautefeuille et de la documentaliste Aurélie Wellenstein, *Psychotropes*, 2012.

« Pour en finir avec l'addiction aux jeux vidéo », de Serge Tisseron, blog personnel, avril 2014.

Le Modèle californien, de Monique Dagnaud, Odile Jacob, 2016.

« L'éducation aux médias chez les adolescents », de François Dévaud, Université de Fribourg, 2016.

Cultures lycéennes : la tyrannie de la majorité, de Dominique Pasquier, Autrement, 2005.

« From Family Television to Bedroom Culture : Young People's Media at Home », de Sonia Livingstone, *Media studies : key issues and debates*, Sage Publications, 2007.

« L'hypersexualisation sociale et les jeunes », de Francine Duquet, docteur en éducation, sexologue et professeure à l'Université du Québec, *Cerveau & Psycho*, octobre 2013.

« Children's Uses of the Internet for Education, Communication and Participation », de Sonia Livingstone, *E-Learning*, 2004.

Sexualisation précoce et pornographie, de Richard Poulin, La Dispute, 2009.

Alice au pays du porno, de Claude Rozier, Ramsey, 2005.

« Exposure to Sexually Explicit Web Sites and Adolescent Sexual Attitudes and Behaviors », de Debra Braun-Courville et Mary Rojas, *Adolesc Health*, 2008.

« Associations Between Online Pornography and Sexual Behavior Among Adolescents : Myth or Reality ? », de Marie-Thérèse Luder, Isabelle Pittet, André Berchtolf, Christina Akre, Pierre-André Michaud et Joan-Carles Suris, *Archives of Sexual Behavior*, 2011.

« Consommation de pornographie à l'adolescence », de Rosa Puglia, mémoire de fin d'études, 2013.

Que mon désir soit ta demeure, de Dominique Blondeau, La Presse, 1975.

« TIC individualisées comme voies d'émancipation, moyens de présence publique et stratégies identitaires des jeunes en Turquie », de la sociologue Gülçin Büyüközkan et le professeur en génie industriel Ali Ergur, congrès AISLF Istanbul, 2008.

« Normes adolescentes, normes adultes », de Marie-Line Félonneau et Lyda Lannegrand-Willems, *Bulletin de psychologie*, 2005.

Les conduites à risque à l'adolescence, de Pierre Coslin, Armand Colin, 2002.

« Des adolescents et des ordinateurs portables au collège », de Jean-Luc Rinaudo et Pascaline Delalande, *Carrefour de l'éducation*, 2008.

« Du bébé à l'adolescence : les chemins de la destructivité », de Philippe Jeammet, *Le Carnet psy*, 2006.

« Les SMS chez les jeunes », étude ethnolinguistique de Raluca Moise, *Glottopol*, 2007.

« Le rôle de la communication familiale et de l'estime de soi dans la délinquance adolescente », de Teresa Jimenez, Henri Lehalle, Sergio Murgui et Gonzalo Musitu, *Revue internationale de psychologie sociale*, 2007.

« Les relations entre parents et adolescents : un bref bilan des travaux actuels », de Michel Claes, *L'orientation scolaire et professionnelle*, 2004.

Articles de presse

« Si tu es mon ami, donne-moi ton mot de passe », *Rue89*, 2016.

« WhatsApp Groups with Other Parents Make me Feel Alienated and Just not Good Enough as a Mum », *The Independent*, 2016.

« Periscope, le phénomène caché dans la trousse des élèves », *Huffington Post*, juin 2016.

« Notre véritable concurrent, c'est YouTube », *L'Obs*, novembre 2013.

« Teens Who Say No to Social Media », *Wall Street Journal*, septembre 2016.

« Pourquoi on aime tant fouiner dans les affaires de nos enfants ? », *Marie-Claire*, 2016.

« Ados, préados et réseaux sociaux », *La Presse*, 2016.

« Toutes les applications de surveillance sont malsaines », *L'Express*, 2014.

« Pourquoi la génération Y est incapable de grandir », *Slate*, 2014.

« Comment nous sommes devenus les Big Brother de nos enfants », *Slate*, 2014.

« How Children lost the Right to Roam in Four Generations », *DailyMail*, 2007.

« Comment on a interdit aux enfants de marcher », *Terraeco*, 2014.

« Yann Barthès : "La liberté fait peur" », *Téléobs*, 2016.

« 15 ans et déjà star YouTube », *L'Obs*, 2015.

« Ils ont lâché leurs études pour devenir YouTubeurs », *Le Monde*, 2015.

« Jeux vidéo oui, mais pas trop », *La Croix*, 2016.

« Les sites parodiques sont-ils si inoffensifs ? », *20 minutes*, 2013.

« Hypersexualisation chez les petites filles : des conséquences lourdes », *Europe 1*, 2016.

« Selfies dénudés, insultes… Des victimes de cyberharcèlement témoignent », *L'Express*, 2016.

« La fille bien et la putain », *Atlantico*, 2016.

« Cyberharcèlement : les garçons aussi sont victimes », *Le Parisien*, 2016.

« One in 10 Visitors to Porn Sites are Under 10 Years Old, Report Claims », *The Mirror*, 2016.

« En 3e et 4e, 100 % des élèves ont déjà vu de la pornographie », *Europe 1*, 2015.

« Les enfants souvent exposés à la culture porno », *Pourquoi docteur.fr*, 2016.

« Divorce : de nouveaux liens entre parents et enfants », *Le Figaro*, 2010.

Remerciements

Merci à mes fils Gustave et Edgar pour leur amour, leur maturité et la force qu'ils me donnent.

Merci à ma Camille pour son soutien, sa patience et sa relecture.

Merci aux ados qui ont accepté de se confier : Baptiste, Anna, Louis, Lucas, Laura, Alexandre, Océane, Oumou, Dounia, Thomas, Louisiane, Alizée, Elise, Noah, Juliette, Anaëlle, Violette, Anatole, Antoine, Mathieu, Léna, Axelle, Ilana, Fatimata, Hasna, Morgane, Maxime, Albane, Lauren, Sofiane, Irem, Iman, Diary, Sarah, Anes, Semanur, Ambre, Ophélie, Ihab, Aboubakar, Victoria, Suzanne, Benjamin, Annaka, Mélodie, Salma, Sophie et Gabin.

Merci aux familles : Dominique, Claire, Natacha, Emmanuelle, Tom, Fabienne, Christina, Tûba, Véronique, Gilles, Sarah, Sophie, Christine, Naïg, Céline, Joel, Nathalie, Franck, Paul, Jean, Claude, Antonia, Elisabeth, Didier, JC et Alex.

Merci aux profs : Marion, Sébastien, Nina, Blandine, Baptiste, Anne, Sandrine, Virginie, Laure et Christian.

Merci aux experts : Danah Boyd, Laurence Allard, Stéphane Clerget, Anne-Catherine Baseilhac, Jocelyn Lachance, Isabelle Falque-Pierrotin, Axelle Moreneau et Sylvain Berdah.

Merci au soutien des amis : Lisa, Yasmin, Nathalie, Maël, Julien, Vincent, Louis, Mickaël, Marion, Lauranne, les 3e et 6e étages de *L'Obs*, Alex, Philippe, Aline, Pascal, Balth, Céline, Sophie, Olivier, Chloé, Hélène, Caro, Antoine, Marie et Shab.

Merci enfin à Christophe Absi pour sa confiance.

Table

Introduction 7

Première partie. « C'EST QUOI CE TRUC ? » 15
Chapitre 1. Le portable 17
Chapitre 2. Les réseaux sociaux 27

Deuxième partie. « QU'EST-CE QUE TU AS FAIT AUJOURD'HUI ? » 65

Troisième partie. « MAIS POURQUOI TU FAIS ÇA ? » 113
Chapitre 1. Le téléphone, journal intime 119
Chapitre 2. Le téléphone, baromètre de réputation 131
Chapitre 3. Le téléphone mouchard 141
Chapitre 4. Le téléphone, nouvelle télé 155
Chapitre 5. Le téléphone, console de jeux vidéo. 167
Chapitre 6. Le téléphone, voie d'accès aux médias 177
Chapitre 7. Le téléphone pour draguer 189
Chapitre 8. Le téléphone pornographique 207
Chapitre 9. Le téléphone, outil de transgression. 213
Conclusion 225

Lexique 229
Bibliographie 231
Remerciements 237

Imprimé en France par CPI
en janvier 2017

Mise en page par
Pixellence/Meta-systems
59100 Roubaix

Dépôt légal : janvier 2017
N° d'édition : L.01ELKN000648.N001
N° d'impression : 139255